EXAMEN
DE L'APOLOGIE
DE MONSIEUR
L'ABBÉ DE PRADES.

Bis peccat, qui crimen negat.

1753

EXAMEN
DE L'APOLOGIE
DE MONSIEUR
L'ABBÉ DE PRADES.

UNE condamnation donne ordinairement le droit de faire une Apologie. Mais peu de perſonnes ſavent en profiter. Un Auteur, qui voit ſes opinions flétries, penſe moins à juſtifier ſes ſentimens, qu'à rendre ſes Juges odieux. Il ſort bientôt des limites d'une juſte défenſe pour ſe jetter dans les écarts de l'invective. Ce n'eſt plus alors qu'idées ſophiſtiquées, que raiſonnemens abſtraits, que reproches amers. Un Lecteur, peu verſé dans les matieres controverſées, eſt ſouvent la dupe de ces tours artificieux. Mais le Savant, dont le ſuffrage ſeul doit être ambitionné, ſe révolte. Il demande des raiſons & non des injures. Il cherche des preuves & non des faux-fuyans.

M. de Prades s'eſt-il aſſez précautionné contre ces défauts trop ordinaires aux perſonnes qui ſe trouvent dans la ſituation où il eſt ? A-t-il juſtifié ſes ſentimens ? A-t-il détruit ſa condamnation ? C'eſt ce qui mérite un examen ſérieux. J'éviterai les perſonalités, que je crois auſſi contraires à la raiſon, qu'à la politeſſe.

I.

I.

Style de la Thefe de M. de Prades.

La matiere eft peu important , en elle-même. Les Eçoles font en droit de ne point fe piquer de cette Latiniré exquife qui fit la gloire du fiecle d'Augufte , & qui dans ces derniers tems a encore fait le mérite de quelques Littérateurs célébres. Mais M. de Prades la rend intéreffante. Il trouve mauvais qu'on lui ait reproché » fes termes figurés, fes expreffions poë- » tiques, fes métaphor es audacieufes. « Il s'éleve contre ceux qui l'accufent d'avoir employé » un » ftyle indécent , choquant les oreilles Chrétiennes , » peu propre fur-tout à exprimer la fainteté & la » Divinité de nos Myftéres. « La maniere dont il répond à ces accufations eft curieufe : Elle fervira à faire connoître le goût de fon Apologie.

» J'avoue, dit-il , que ma Thefe n'eft pas écrite » de ce ftyle dont on écrit ordinairement les autres. » Mais cela-même , loin de m'attirer des reproches , » auroit peut-être dû être à mon avantage; puifque » mes expreffions par cela feul qu'elles ont été con- » facrées par les meilleurs Auteurs , en ont plus de » force & d'exactitude. Plein de mes Auteurs Latins , » & principalement de ceux qui ont fleuri fous le regne » d'Augufte , j'avois crû que puifque j'écrivois en » Latin, je ne pouvois mieux faire que de les pren- » dre pour modéles dans le ftyle , me conformant » d'ailleurs aux Peres pour mes fentimens. «

Ne croiroit-on pas entendre Bembe ou Sadolet répondre à quelques Scholaftiques barbares qui étoient choqués de leur belle Latinité ? Une perfonne qui

Tom. I. p. XXXII. Ces chiffres font relatifs à la premiere édi- tion de l'A- pologie.

n'aura

n'aura point lû la Thefe Latine de M. de Prades, ne croira-t-elle pas qu'il affecte cette délicateffe étudiée qui ne veut employer que des termes choifis ; qu'il eft auffi curieux d'une expreffion pure, que d'une penfée vraie ? Ne faura-t-elle pas mauvais gré à la Sorbonne de s'oppofer aux progrès du goût, & de condamner cette belle élocution, qui colore les plus beaux objets fans les altérer ? Rien de plus facile que de jetter le ridicule. Mais il eft à craindre qu'il ne retombe fur celui qui le jette.

Je ne dirai pas à M. de Prades que le ftyle de fa Thefe n'a rien de la fageffe du fiecle d'Augufte ; qu'il eft fans nombre, fans harmonie : qu'on n'y trouve ni cette précifion qui caractérife les Hiftoriens, ni cette pompe qui annonce les Orateurs, ni cette cadence qui diftingue les Poëtes. Je ne lui ferai pas remarquer qu'il n'a que cette tumeur bourfoufflée, qui eft le vice ordinaire des jeunes gens, froids imitateurs de Lucain & de Claudien. Il ne me croiroit pas fur ma parole ; & tout le monde n'eft pas en état de juger des chofes de goût.

Il faut des faits. Je vais en produire. Vous dites, Monfieur, que vos expreffions font confacrées par les meilleurs Auteurs ; que vous avez pris pour modeles dans votre ftile principalement ceux qui ont fleuri fous le regne d'Augufte. Permettez-moi de vous demander fi dans leurs ouvrages vous avez trouvé des Barbarifmes & des folécifmes. Je fuis fâché de vous rappeller ces triftes noms. Mais je ne puis m'en difpenfer, dès que vous vous piquez de délicateffe. Vous me garantiffez, Monfieur, la pureté des fources où vous avez puifé. Lifez donc, je vous prie,

la lyſte des mots barbares, que j'ai extraits de vôtre Theſe (a). Indiquez-moi les Auteurs qui vous les
ont fournis. Vous voyez que je ne ſuis pas un Cen-
ſeur impitoyable, & que je me borne aux mots dont
vous auriez pû facilement trouver les équivalens dans
les bons Auteurs.

Pour les ſoléciſmes & les duretés de ſtyle je ne m'y
arrêterai pas beaucoup. Il faudroit trop tranſcrire. Je
ne cite que quelques exemples (b) pris au haſard, pour
prévenir le reproche de faire de fauſſes imputations.

Je ne vous demande maintenant, Monſieur, que

(a) Exſufflo... reaĉtio... objeĉta... ſubobſcurè...
attraĉtivus... eſſentialis... combinatio... ſenſationes.
epocha... certitudo... inſufficiens... Collateralis...
authenticitas... infaillibilitas... coœtaneus... diſper-
ſio.... inchoatio. ... ſucceſſivus... Chaldeenſes ...
Univerſalitas... relativus... nullatenus... tempora-
neus... Textus... muſæum... ſubodorari... loca-
lis... præfigurare... Legiſlativus... executivus...
adimpletio... influxus... Cæremonialis... diame-
traliter... conſonantia... Satellitium... cognoſci-
bilis &c. Je commence à m'ennuyer de relire votre
Theſe. Je ne ſuis qu'à moitié.

(b) Hinc origo Legum civilium, à quibus impri-
muntur motus interni, quibus cietur Reſpublica.....
quos autem vates! Non ſanè quales quos in ſinu ſuo
tulit Paganiſmus... Veriſimile quidem eſt Moſem præ-
cipuam quamdam adnotaſſe epocham, &c. Scriptores
Judæi, ut filum à Moſe interciſum reſumerent, ea
fabricaverint ſyſtemata, quæ &c. Il eſt évident qu'il
faut dire, ſcriptores vero Judæos, &c. ea fabricaviſſe
ſyſtemata.

jeux aveux. Le premier, qu'on a pû vous reprocher votre ftyle , & qu'il eft bien éloigné de cette pureté dont vous faifiez parade. Le fecond, que ce n'eft point l'élégance de la diction , qui vous a fait employer ces termes ambigus , qui ont rendu plufieurs endroits de votre Thefe fufpects. Ce dernier aveu eft effentiel. Je paffe à l'examen des points controverfés.

I I.

PREMIERE PROPOSITION.

Ex fenfationibus , ceu rami ex trunco , omnes ejus (hominis) cognitiones pullulant. . . . pronum eft inquirere fedulò quæ natura fit principii in nobis cogitantis. . . . . mens ignea terrenæ fæcis nihil habet.

» Toutes les connoiffances de l'homme tirent leur origine des fenfations , ainfi que les rameaux du tronc d'un arbre fécond. . . . . . Il faut examiner avec foin quelle eft nature du principe qui penfe en nous.. » *L'efprit plein de feu* n'a » rien de ce mélange groffier qui conftitue la nature » des Corps.

Les idées.

Vos Cenfeurs ont trouvé que cette propofition favorifoit le Matérialifme, *Materialifmo faventes.* Vous voulez les détromper. Que votre maniere eft grande & noble ! Vous faites un écart plus que Pindarique fur les idées innées & fur les idées factices. Vous prétendez que la Sorbonne veut ériger les premieres en article de foi , pendant qu'elle anathématife les fecondes. Vous demandez fi l'on exige

T. 2. pag. 5. 6. 7. &c.

de

de vous que vous croyiez la réalité de l'idée de l'infini en général gravée dans l'ame indépendamment d'aucune idée particuliere. Vous vous moquez de ceux qui penseroient que le Péché Originel, la Grace sanctifiante sont des idées innées.

Vous dites des merveilles, Monsieur. Mais il ne s'agit de rien de tout cela ; on ne prétend point que le Péché Originel & la Grace sanctifiante sont des idées innées. On vous laisse parfaitement libre sur l'idée de l'infini réelle ou négative. On ne veut ni Canoniser Descartes, ni damner Locke. Votre erreur n'est pas de vous être déclaré le défenseur des idées factices. On ne dit point que vous soyez Matérialiste. Mais on vous reproche avec justice votre comparaison du tronc & des branches qui n'annonce que le Matérialisme : on condamne avec raison votre *mens ignea*, expression qu'on blâmeroit même dans un Payen. Vous avez voulu l'adoucir par votre traduction, *un esprit plein de feu* : mais outre que cette traduction est infidelle, puisqu'elle reconnoît *un esprit* dont vous n'avez point parlé ; elle ne vous disculpera encore jamais après l'affectation que vous avez eue de caractériser l'Ame & le Soleil par ces mots *mens ignea*, *sol igneus.* enfin ce début, joint à l'air bisarre, qu'a votre Thése, est répréhensible. Et quand on vous dit que votre Proposition favorise le Matérialisme, vous n'avez point droit de vous plaindre. Je veux croire que vous avez bien pensé : mais vous vous êtes très-mal exprimé.

Quoi donc, dites-vous, n'ai-je pas positivement distingué l'ame du corps ? N'ai-je point dit qu'ils différoient essentiellement ? Oui, M., vous l'avez

dit

dit. Mais de ce que vous avez bien dit là , s'enfuit-il que vous ayez bien dit ailleurs ! Vous vous ventez d'avoir fait une profonde étude de la Religion ; vous avez donc vû mille exemples d'erreurs condamnées dans des ouvrages qui avoient d'excellentes chofes. C'eft un artifice ordinaire aux féducteurs de mettre le vrai & le faux , & de fervir le poifon dans des vafes d'or. Vous prétendez avoir répété ce qu'on avoit dit avant vous : mais l'avez vous répété comme on l'avoit dit , dans le même fens qu'on l'avoit dit. Ces circonftances varient infiniment le cas. Vous favez qu'il ne faut qu'un ton différent pour qu'un même mot faffe un éloge ou une injure. De plus quand ou l'auroit dit avant vous , dès que cela eft dangéreux , on a toûjours droit de le profcrire.

III.

SECONDE PROPOSITION.

Nobis incumbit neceſſitas ea ſeligendi potiſſimum objecta , quæ in noſtram vergant utilitatem..... Hinc origo Societatis Cujus vincula magis ac magis ſtringere debemus , ut ex eâ quam plurimam in nos derivemus utilitatem....Cum quodlibet ſocietatis membrum omnem ac totam utilitatem in ſe velit Conver-

» La Nature nous fait » une Loi de choifir parmi les objets extérieurs » ceux qui peuvent nous » être utiles.. . de-là l'origine de la Société , » dont il nous importe de » reſſerrer de plus en plus » les nœuds , afin de la » rendre pour nous le » plus utile qu'il eft poffible. Mais chaque » membre de la Société

L'Origine de la Société & des Loix.

B　　cherchant

tere.... omnes ac singuli nati cum eodem jure non idem sortientur Commodum. Jus ergò tam rationi consonum obmutescet ante jus illud inæqualitatis barbarum quod vocant æquius , quia validius. Hinc origo legum civilium .... hinc origo legum politicarum .....quo sævior est tyrannis Cui vis imbecillitatem submittit , eo magis indocilis est jugum pati , haud ignara sibi rationem contra vim ipsam militare. Hinc injusti notiones , proindeque boni & mali moralis. Hinc etiam lex naturalis... malum quod in nobis humana procreant vitia , nobis ingenerat ideam virtutum illis oppositarum ... Hinc vis licita tantum , ubi nullus judex , legesque proculcantur.

» cherchant à augmenter » pour lui-même l'utilité » qu'il en retire..... tous » quoique nés avec les » mêmes droits , ne peuvent joüir des memes » avantages. Un droit si » conforme à la raison » sera bien-tôt enfreint » par le droit barbare » d'inégalité appellé Loi » du plus fort.... de-là » l'origine des Loix Civiles. ... de-là l'origine des Loix politiques... » plus la tyrannie qui » soumet la foiblesse à la » force est violente, plus » la foiblesse se révolte » contre un joug qu'elle » sent que la Raison ne » sauroit lui imposer. De-là vient la connoissance de l'injuste , & par » conséquent du bien & » du mal moral. De-là » aussi la connoissance de » la Loi naturelle ... le » mal que nous éprou-

» vons par les vices de nos semblables produit en » nous la connoissance *réfléchie* des vertus opposées » à ces vices..... de-là la violence n'est permise, qu'entre

» qu'entre ceux qui ne reconnoiſſoient point de ju-
» ge, lorſque les Loix ſont foulées aux pieds. «

Toutes ces Propoſitions ont été condamnées comme pernicieuſes à la Société , & à la tranquillité
publique , comme préſentant à faux & dans un mauvais ſens les notions du bien & du mal moral , &
l'origine de la Loi naturelle. *Societati & publicæ
tranquillitati pernicioſas , boni malique moralis notiones , & legis naturalis originem perperam & falsò
aſſignantes.*

Vous réclamez contre cette condamnation. Vous *T. 2. pag.*
l'attribuez au peu de lumieres de vos Juges qui n'ont 30. 31. 32.
pû ſaiſir les conſéquences intermédiaires que votre
précifion vous avoit fait ſupprimer. Vous vous plai-
gnez de ce qu'on ne vous a pas entendu avant que de
vous condamner. Comment , Monſieur , avec le goût
décidé que vous avez pour la nouveauté , pouvez-
vous vous ſervir encore de ces excuſes ſurannées , que
les perſonnes condamnées ont taché inutilement
de faire valoir dans tous les ſiecles?

Non , Monſieur. Vos Propoſitions ſont aſſez clai-
res pour n'avoir pas beſoin d'interpréte. Sans ſe
liguer avec Hobbes contre vous , on a pû vous faire
remarquer que vous avanciez des principes dangereux
ſur l'origine des Sociétés & des Loix. Votre hypo-
théſe ſur cette multitude d'hommes créés dans une
parfaite égalité , ſans aucune dépendance les uns des
autres , qui ſe réuniſſent par la connoiſſance de leurs
beſoins réciproques , eſt purement chimérique , &
ne pourra même jamais rien prouver contre Hobbes.

Cet Anglois atrabilaire abandonne ſa Patrie , qu'il
voit en proie aux fureurs de l'ambition & de la ré-

                    volte.

volte. Indigné du monstrueux parricide qui fait mourir son Roi sur un échaffaud , il oublie toutes les
vertus des hommes. Il ne voit plus dans leurs cœurs
que trahisons , que crimes , que méchanceté. Le
culte extérieur de la Religion , qu'on avoit fait servir
de prétexte à ce noir attentat , lui paroît être l'ame
des discordes & des guerres. Pour assurer à la posté-
rité de Charles I. un regne plus tranquille , il se
forme l'idée d'un gouvernement où le Prince a un
pouvoir sans bornes sur ses sujets , & décide en Sou-
verain sur la Religion. Sa plume , qui ne distille
plus que le fiel , trace le plan de cet Etat sanguinaire
où toutes les Loix sont renversées , où le Trône
même ne peut être stable , parce qu'il n'est fondé
que sur la tyrannie & sur l'irréligion.

Pour détruire ce système , il suffit de rappeller
Hobbes à lui-même & à l'expérience ; & de lui
montrer que les hommes ne sont pas essentiellement
méchans. Ces réflexions si naturelles & si vraies le
confondent. Sa loi du plus fort devient inutile. On
le ramene à reconnoître que Dieu est l'auteur de la
Société , que le parfait gouvernement est celui qui
admet pour fondement & pour regle les principes de
l'équité naturelle , & la Religion que le Seigneur a
prescrite : parce qu'alors le Roi & les sujets con-
courent mutuellement à se rendre heureux. S'il se
trouve encore des inconvéniens dans ce gouvernement , pour-lors ils ne naîtront pas du principe du
gouvernement , mais des passions qui font tout le
bien & tout le mal d'un Etat selon qu'on sait les
dominer. Les hommes auront beau imaginer des
systèmes , tels que la République de Platon , l'U-

(13)

topie de Morus, ce ne feront jamais que de bril-
lantes chimeres, qu'il eſt impoſſible de réaliſer.

Sans doute que vous avez trouvé cette maniere
de combattre Hobbes trop ſimple & trop commune.
Vous avez voulu oppoſer ſyſtême à ſyſtême : Au
lieu de conſidérer l'origine des Sociétés telle que la
dicte la raiſon, & que la narration de Moyſe la
confirme, » vous avez conſidéré l'Homme dans
» l'*état de troupeau*, c'eſt-à-dire, dans l'état ſous
» lequel les hommes rapprochés par l'inſtigation
» ſimple de la Nature, comme les Singes, les
» Cerfs, les Corneilles, &c. n'ont formé aucunes con-
» ventions qui aſſujettiſſent à des devoirs, ni conſti-
» tué d'autorité qui contraigne à l'accompliſſement
» des conventions ; & où le reſſentiment, cette
» paſſion que la Nature, qui veille à la conſervation
» des êtres, a placée dans chaque individu pour le
» rendre redoutable à ſes ſemblables, eſt l'unique
» frein de l'injuſtice. Cet état de troupeau eſt, *ſelon*
» *vous*, une condition non-ſeulement poſſible, mais
» ſubſiſtante, ſous laquelle vivent preſque tous les
» ſauvages. «

C'eſt une ſage précaution de votre part, Monſieur, de vous être donné pour l'agreſſeur d'Hobbes,
ſans cela on auroit pû vous prendre pour un de ſes
plus zélés ſectateurs. Vous ne contrédites pas ſon
principe de la méchanceté des hommes. Comme lui
vous n'admettez d'abord d'autre frein de l'injuſtice
que le reſſentiment. Si le ſouvenir de votre *Anarchie*
Originelle ſe réveille dans des eſprits ennemis de la
domination, il opérera d'auſſi funeſtes effets que la
ſoi du plus fort. Il bouleverſera les Etats ; il les

remplira

T. III. p.
35. 36. 37.

remplira de fang & de carnage. Je ne vois de diffé-
rence bien marquée entre Hobbes & vous, finon
qu'Hobbes a mieux raifonné que vous. Son principe
une fois admis, il en réfulte une fociété féroce, où
la loi du plus fort doit dominer, où le Prince ne
peut gouverner fûrement qu'autant qu'il fe maintient
dans une autorité fans bornes. Vous, Monfieur, vous
voudriez faire réfulter des mêmes principes une fociété
fage & équitable. Ce n'eft pas connoître l'empire des
paffions fur le cœur de l'homme, & les bornes
étroites de fon génie. La fageffe, l'équité des Loix
ne peuvent venir que de l'Auteur de la Nature.
L'homme, tel que vous le fuppofez, fe porteroit à
tou sles excès.

Mais on peut penfer chrétiennement, & faire
une mauvaife réfutation d'Hobbes : vous perdez encore cet avantage dans votre fyftême. Vous conve-
T. III. p. nez que » prefque tous les Sauvages font encore dans
66. » *l'état de troupeau*. Ils n'ont pas encore fenti le
» péril & la barbarie de la loi du plus fort, ou du
» droit fondé fur l'inégalité des talens. Ils n'ont point
» encore fait de conventions qui réparent cette iné-
» galité naturelle : ils font encore des Sauvages in-
» difciplinés & vagabonds «. Ils vivent donc fans
connoiffance de l'injufte, & par conféquent du bien
& du mal moral ? Ils ignorent donc la Loi naturelle ?
Ils n'ont donc pas encore réfléchi fur les vertus ? Ils
n'ont pas même l'idée de Dieu qui ne vient dans
votre fyftême qu'après toutes ces connoiffances.
Avouez-vous ces conclufions qui fuivent néceffaire-
ment de vos principes ? Si vous les avouez, pouvez-
vous vous flatter de croire avec les Chrétiens que
Dieu

Dieu a créé tous les hommes pour fa gloire ; qu'il les deftine tous à un bonheur ou à un malheur éternel , qu'il les éclaire tous fur leurs devoirs , & que s'ils font réprouvés , ce n'eft qu'à caufe du mauvais emploi qu'ils font des graces de falut qu'il leur offre ?

Pourquoi vous plonger ainfi dans cet abyfme de difficultés infolubles ? qu'elles preuves avez-vous que prefque tous les Sauvages font encore dans *l'état de troupeau commé les Singes , les Cerfs les Corneilles ?* Des Voyageurs le rapportent , dites-vous. Mais ces Voyageurs étoient-ils affez inftruits de la Langue , des mœurs , des ufages de ces Sauvages ? étoient ils toujours affez honnêtes gens pour ne pas travailler à accréditer des fyftêmes impies par leurs Relations infidelles ? n'ont-ils pas été contredits par ceux qui ont vû les mêmes pays , & qui ont examiné les chofes de plus près ? les Relations les plus véridiques ne nous apprennent-elles pas qu'aucuns de ces Sauvages ne font fans quelque fociété , que plufieurs ont même des fociétés très-bien entendues , qu'ils montrent dans les occafions importantes les fentimens les plus héroïques de juftice , d'équité , de défintéreffement , & que fouvent ils ne nous paroiffent Sauvages que parce qu'ils ont moins de befoins , & plus de vertus morales que nous ? Vous raffemblez tous les traits odieux. Vous diffimulez ce qui eft favorable. Avez-vous donc les mêmes intéréts que Bayle à dégrader l'humanité , pour avilir la Divinité ?

Allons encore plus loin. Vous foûtenez que les hommes , fur lefquels vous raifonnez dans votre

fyftême ,

sÿftême, ne font pas des êtres phantaftiques. Que font-ils donc ? Adam après fon péché s'eft-il trouvé avec un troupeau d'hommes ? Noë trouva-t-il un troupeau d'hommes au fortir de l'Arche ? A-t-on jamais vû les hommes en troupeau, excepté dans les Romans Arabes, & dans les Poëfies Grecques & Latines du Paganifme ? Cet état de troupeau, vû la conftitution de l'homme, ne répugne-t-il pas en lui-même ? Ce font cependant là les idées que vous adoptez. Ce font celles que vous préférez aux connoiffances que donnent les Livres faints. C'eft fur elles que vous bâtiffez vos Syftêmes, & que vous détruifez les notions les plus univerfellement reçues. Vous dites que vous faites cela contre Hobbes.

Eh, Monfieur ! pour combattre l'incrédulité, il faut renverfer les Syftêmes, & non pas en faire. Nous connoiffons la vérité. Elle eft gravée en traits de lumiere dans les divines écritures, il faut la défendre avec rigueur, & montrer à l'impie l'abfurdité de fes hypothéfes. Un Chrétien n'a rien de nouveau à dire. Toute fa gloire eft de détruire les nouveautés.

Vos Cenfeurs ont donc eû raifon de s'oppofer à vos principes modernes. Ils ont dû condamner vos notions du bien & du mal. Ils ont dû profcrire l'origine que vous donnez à la Loi naturelle. Vous ne devez pas être furpris qu'ils taxent vos maximes d'être pernicieufes à la fociété & à la tranquillité publique. Rien n'eft plus délicat que ce qui regarde l'autorité des Souverains. Comme elle ne fauroit être trop refpeétée, on ne peut auffi en parler avec trop d'égards. Les avez-vous portés affez loin, lorfque vous avez dit que la violence eft permife, lorf-

qu'on

qu'on ne reconnoît point de Juge , & que les Loix font foulées aux pieds ? Cette Propofition précédée de tant d'autres fi équivoques fur l'origine de la Société & des Loix , n'a-t-elle point dû paroître fufpecte ? N'ouvre-t-elle pas un vafte champ aux noirs complots de la fureur & du fanatifme ?

Ce font ces conféquences que vos Cenfeurs ont voulu vous faire obferver. Mais vous fixez ailleurs votre attention. Vous cherchez à leur fufciter des querelles , au lieu de répondre à leurs queftions. Vous accufez la Sorbonne & M. l'Archevêque de déclarer les Princes perturbateurs du repos public , lorfque pour la défenfe du bien de leurs fujets , ils s'expofent aux périls de la guer e. Vous condamnez tous ceux qui reconnoiffent que la Loi naturelle eft auffi immuable , auffi néceffaire que notre être ; que l'Auteur de la Nature l'a gravée dans nos cœurs en traits ineffaçables. Vous les méprifez comme de froids vetilleurs, d'infipides défenfeurs des idées innées , de ferviles adorateurs de Defcartes. Quand vous faites des reproches , Monfieur , gardez au moins les vraifemblances. Une accufation , qui n'eft pas fondée, tourne toujours à la honte de l'accufateur.

Je fuis encore à comprendre comment vous avez ofé avancer que , fans les idées factices , on ne peut expliquer pourquoi les enfans , les imbécilles & les fous ne fauroient faire de mal. C'eft un cri général de la Théologie & du Droit que l'homme ne péche que lorfqu'il jouit de fa liberté. La liberté , & non pas les idées factices ou les idées innées , le rend criminel. L'exemple de votre jeune homme de Chartres ne prouve rien pour vous. Sourd & muet de naiffance

C

fance, il n'eut qu'à l'âge de vingt-trois ou vingt-quatre ans l'ufage de fes fens. On s'empreffa de l'interroger fur les idées qu'il s'étoit formées de Dieu, de l'Ame, de la bonté ou de la malice morale des actions. On trouva qu'il n'avoit point pouffé fes connoiffances jufques-là, quoique fes parens, qui étoient catholiques, l'euffent accoûtumé à toutes les actions extérieures de la Religion. Comment, Monfieur, prétendez-vous conclure de ce fait pour vos idées factices ? Ce fait n'eft-il pas plus propre à les renverfer qu'à les étayer ? Car il eft affez inconcevable comment ce jeune homme, qui avoit l'ufage des yeux, & même naturellement de l'efprit, comme le marque l'Hiftoire, fût fi borné dans fes idées. Il femble qu'un homme, qui auroit fait fes idées, auroit pouffé plus loin fes connoiffances à la vuë de tous les différens mouvemens des hommes ; en confidé- *T. I. p. 6.* dérant ce magnifique Spectacle de l'Univers, qui felon vous-même eft un grand livre, qui n'eft fermé qu'aux ftupides & aux infenfés.

I V.

TROISIEME PROPOSITION.

<table>
<tr><td>*Les Reli-
gions.*</td><td>*Maximè diftinguendum inter Religionem fuperna-turalem, & Religionem revelatam. . . Omnes Religiones (fi unam excipias veram) præftat fanè Theifmus. Illæ fi quidem à veritate degeneres, Lex-*</td><td>» Il faut foigneufement
» diftinguer entre une Re-
» ligion furnaturelle &une
» Religion révélée. . . Le
» Théifme l'emporte fur
» toutes les Religions qui
» fe difent révélées (fi
» l'on en excepte la
feule</td></tr>
</table>

que naturalis in Theifmo » feule véritable) : elles
non eft decolor. Vel ipfa » ont toutes corrompu la
vera Religio nec eft, nec effe » vérité , au lieu que le
poteft alia à lege naturali » Théifme conferve dans
magis evolutâ. » toute fa pureté la Loi
» naturelle. La Religion
» révélée, qui eft à prefent la feule qui foit vraie ,
» n'eft elle-même & ne peut être que la loi natu-
» relle plus développée. «

J'ai peu de réflexions à faire fur ces propofitions qu'on a taxées de tendre à la deftruction de la Religion furnaturelle, *in ruinam Religionis fupernaturalis af-fertas.* Vous favez que vos éloges du Théifme font empruntés d'un Auteur qui fait fervir les plus heureux talens à la ruine de la Religion : Tirés de cette fource impure , ils confervent un air de malignité qu'on ne peut s'empêcher de profcrire. Vous reftreignez à la morale ces termes: » La vraie Religion » révélée n'eft & ne peut être autre chofe que la » Loi naturelle plus développée. « Il eût été à fouhaiter que vous euffiez mis cette reftriction dans votre Théfe , elle y eût répandu un grand jour. *Ce n'auroit point été un cahos monftrueux.*

T. II. p. 55.

En vain dites-vous qu'il ne s'agit dans cet endroit que du culte & non des myfteres ; il s'agit de la révélation en général ; & l'univerfalité de votre propofition attaque toute révélation. Vous vous rejettez toujours fur ce que vous avez éclairci ailleurs ce qu'on condamne dans cet endroit. Cela peut être. Mais , M. dès qu'une perfonne a eu le malheur de fe rendre fufpecte, tout eft pris au criminel. Ce n'eft donc point à vos Juges , c'eſt à vous-même que vous devez vous en prendre de la ſituation où vous vous trouvez.

V.

QUATRIEME PROPOSITION.

Suite des Religions.

Quænam porrò ſit illa Religio quam fidam ſuæ revelationis cuſtodem Deus inſtituit ? Scaturiunt hinc indè Religiones , Polytheiſmus , Mahumetiſmus, Judaïſmus, uno verbo Chriſtianiſmus.. Sua quæque Religio nimis ambitioſè miracula oſtentat, ſua oracula , ſuos Martyres.

» Quelle peut donc » être cette Religion à » laquelle Dieu aura con-» fié le dépôt de ſa révéla-» tion ? Ici ſe préſentent » le Paganiſme, le Ma-» hométiſme, le Judaïſ-» me,en un mot le Chriſ-» tianiſme … Toute Re-» ligion ſe vante avec oſ-» tentation d'avoir ſes » miracles, ſes oracles, » ſes Martyrs. «

Je ſuis dans le plus grand étonnement que vous n'ayez pas paſſé condamnation ſur cette propoſition. On s'étoit contenté de l'accuſer d'être d'une extrême indécence, parce qu'elle met ſur la même ligne, & ſans aucune diſtinction le Polythéiſme, le Mahométiſme, le Judaïſme & le Chriſtianiſme. Je ne crois pas qu'on pût rien dire de plus modéré. Tous vos termes ſont indécens , *ſcaturiunt , Judaïſmus, uno verbo Chriſtianiſmus , nimis ambitioſè.*

T. II. pag. 64. Vous avez recours à une prétendue interrogation que vous mettez dans la bouche d'un incrédule. Il ne faut que lire votre Théſe pour voir que c'eſt un miſérable ſubterfuge. Sommes-nous donc impeccables !

bles ! pourquoi vouloir vous juftifier fur tout ? Vous
demandez à la Sorbonne fi elle vouloit que votre
Théfe reffemblât aux tableaux de ce Peintre qui
écrivoit au bas de fes figures . . . c'eft un coq. . . c'eft
un cheval . . . c'eft un arbre. Vous vous applaudiffez
de cette plaifanterie. Non, M. la Sorbonne vous
demandoit de l'exactitude & de la décence dans votre
Théfe. Elle vous demande aujourd'hui de la politeffe
& de la bonne foi dans votre Apologie.

V I.

CINQUIEME PROPOSITION.

Non in uno quidem duobufve ac tribus teftibus veritatem comperiemus , nec in concurfu plurium teftium feorfim interrogatorum. Hac-ce methodo fingulorum teftium exploras probitatem, quæ tibi probabiliter tantum cognita nufquam dabit nifi probabilem facti cognitionem. Ut ergo fummam attingas certitudinem in fe indivifam, nec ex diftractis hinc & indè probabilitatibus ortam illam metiare diverfâ ftudiorum combinatione; tunc enim manus tuæ veritatem contrectabunt ubi numerus

» Le témoignage d'un » ou de deux ou de trois » témoins, ni même celui » de plufieurs interrogés » féparément , ne pour- » ra nous garantir la vé- » rité d'un fait. Cette mé- » thode eft bonne tout au » plus pour s'affurer de la » probité de ceux qu'on » interroge; mais com- » me elle ne nous peut » jamais être parfaitement » connue , jamais auffi » elle ne nous donnera » une connoiffance affu- » rée du fait. La feule » combinaifon des inté- » rêts divers peut opérer
fur

La regle de certitude.

restium tibi aperiet campum satis amplum in quo sibi invicem occurrant varia hominum studia, variæque propensiones inter se prælientur . . . facta sint effectus merè naturales an supernaturales nil interest, utrique iisdem circumscribuntur cancellis.

» sur nos esprits une con-» viction parfaite, qui ne » résulte point de l'assem-» blage de plusieurs pro-» babilités éparses,& désu-» nies. Que le nombre » des témoins qui me sont » donnés pour constater » un fait m'ouvre un » champ assez vaste pour » que j'y puisse voir aux » prises les unes contre les autres les différentes pas-» sions des hommes, & leurs divers intérêts. Mes » mains alors, mes mains dans ce choc tumultueux » de passions & d'intérêts saisiront la vérité. . . . Que » les faits qui sont scellés dans l'Histoire soient natu-» rels, ou surnaturels, il n'importe; les uns & les » autres, parce qu'ils rentrent dans l'ordre des faits, » sont assujettis aux mêmes loix de critique.

Vous dites que vos Censeurs n'ont point qualifié cette Proposition, qu'ils l'ont cependant extraite comme répréhensible. Cette conduite vous choque. Vous vous trompez, Monsieur. Vos Censeurs n'ont pas été si indulgens. Votre systême sur la certitude avoit déja été flétri par les qualifications de *fausses & de téméraires.* Ils l'ont encore proscrit d'une maniere plus marquée par cette Censure *fundamenta Religionis Subvertentes.* Et ces jugemens sont dignes de leur sagesse & de leurs lumieres. Car rien de plus faux que votre critique des probabilités partielles, & de toutes les probabilités. Rien de plus téméraire que votre combinaison d'intérêts & de passions sub-stituée aux preuves triomphantes que les Apologistes

de

T. II. pag. 67.

de la Foi , & les Peres ont tirées des caracteres de
fincérité & de probité des Apôtres , du témoignage
des millions de Maryrs. Rien de plus propre à renverfer les fondemens de la Foi que d'établir, pour
régle unique de certitude , la combinaifon des intérêts & des paffions , pendant que cette combinaifon
ne peut avoir lieu dans l'examen de plufieurs points
fondamentaux de notre Religion fainte. Votre Differtation fur la certitude , que vous avez fait réim-
primer , développe vos principes fans les juftifier.

Pourquoi donc , Monfieur , vous élever avec tant
de chaleur , contre vos Cenfeurs ? Pourquoi prétendre qu'on a condamné votre Propofition » dont la
» contradictoire renferme une impiété manifefte ,
» détruit les fondemens de la Religion , fournit des
» armes aux Déiftes Sceptiques , qui feront ravis
» qu'on leur accorde que les régles, qui fervent à con-
» ftater la vérité des faits hiftoriques deviennent in-
» fuffifantes , lorfqu'on les tranfporte aux faits de la
» Religion « ? Ce mauvais raifonnement défigure
toute cette partie de votre Apologie qui eft fûrement
la plus plaufible. Car , Monfieur , prenez-y garde :
quelle eft la contradictoire de votre Propofition ?
C'eft fans contredit celle-ci. La combinaifon des
intérêts divers & des paffions qui agitent les hommes
n'eft pas l'unique régle pour juger de la certitude
des faits furnaturels. Cette Propofition eft inconteftablement vraie. Vous reconnoiffez vous-même dans
votre Differtation qu'elle a été fuivie par les pre-
miers Apologiftes de la foi. Elle n'eft donc pas impie?
Elle ne détruit donc pas les fondemens de la Religion? Elle ne fournit donc pas des armes aux Déiftes
Sceptiques?

Sceptiques ? Elle ne leur accorde pas que les régles ,
qui fervent à conftater la vérité des faits hiftoriques ,
deviennent infuffifantes , lorfqu'on les tranfporte
aux faits de la Religion ? Mais elle montre aux in-
crédules que les preuves des faits de la Religion
font infiniment plus fortes, que celles qui leur font
croire les faits hiftoriques , dont cependant ils ne
doutent pas. Pourquoi ? parce qu'outre que ces
preuves ont tous les caracteres qui rendent les faits
hiftoriques croyables , elles en ont encore de parti-
culiers qui leur font propres, & qui les portent jufqu'à l'évidence. Car rien n'eft plus évidemment vrai
qu'un fait qui m'eft attefté dans tous les fiécles, qui
m'ont précédé , par des millions de Martyrs , &
par les perfonnes qui ont eu le plus de fincérité &
de probité. La contradiction, Monfieur , eft donc de
votre côté , & non du côté de vos Cenfeurs. Votre
Propofition fur la régle de certitude eft même fauffe ,
fi on la prend dans la rigueur des termes.

Mais , Monfieur, plus je penfe à cette regle de
certitude, moins elle me paroît plaufible. Quoi ? le
témoignage d'un grand nombre de perfonnes de probité ne pourra me donner que des probabilités fur
un fait : & le témoignage d'un égal nombre de perfonnes paffionnées me conduira à la certitude iné-
branlable. Je fuppofe que quarante perfonnes font
témoins d'un fait. Vingt font fenfées & vertueufes,
fans intéréts , fans paffions. Les vingt autres font
divifées par divers intéréts & par diverfes paffions.
Elles vont dans deux Compagnies rapporter le fait
qu'elles ont vû. Vous voulez que les vingt perfonnes
fenfées & vertueufes ne rendent qu'un témoignage
probable ,

probable ; pendant que les vingt autres en rendront un qui aura la plus grande certitude , & qui exclura tout doute légitime. Je vous place dans ces heureux tems du Christianisme où tous les Fidéles ne faisoient qu'un cœur & qu'une ame : vous croyez qu'un fait, qu'ils m'attesteront, n'aura pas la même certitude qu'il auroit dans ce siécle-ci où l'on peut faire votre combinaison d'intéréts & de passions. C'est renverser tous les principes : c'est donner à l'intérêt & à la passion les droits les plus odieux sur le mérite & sur la vertu.

Je dis même que votre combinaison d'intérêts & de passions ne sert qu'à nous éloigner de la certitude. Par exemple, Monsieur, j'avois crû que votre Thèse & votre Apologie, qui ont paru sous votre nom, étoient de votre composition. Je me suis trouvé dans une fort nombreuse Assemblée où l'on disputa beaucoup là-dessus. Les esprits s'échaufferent. On opposa mille raisons à celles que je pouvois apporter pour vous revendiquer ces Ouvrages. Dans ce choc tumultueux d'intéréts & de passions , *mes mains alors* , *mes mains* cesserent de saisir la vérité que je croyois tenir. Pour me donner maintenant la certitude , qu'est-ce qu'il faudroit ? Que je vous connusse bien intimement , ou que cinq ou six personnes , dont je connois la sincérité , m'attestassent qu'elles vous ont vû travailler , & que c'est réellement votre Ouvrage. Sans ce témoignage , il me restera toujours un doute que je ne puis détruire.

Prenons un fait surnaturel , & vous allez voir le même embarras. Je suppose qu'un homme envoyé de Dieu paroisse à Londres , & que pour prouver sa

D   mission

miſſion il reſſuſcite un mort. Dans les ſiécles heu-reux où ce Royaume n'avoit qu'une même créance, le fait eût été atteſté par toute la Ville. Aujourd'hui le Puritain & le Quaker, l'Añabaptiſte & le Soci-nien, tous les Partiſans des diverſes Sectes ſe livre-roient à leur enthouſiaſme, & crieroient à la ſéduc-tion. Les eſprits forts, qui, comme l'Auteur *des Penſées Philoſophiques*, croyent qu'une erreur univer-ſelle eſt plus poſſible que la réſurrection d'un mort, prétendroient qu'il n'y a que de l'illuſion. Et je ſuis ſûr que de huit cens Lettres qui viendroient à Paris, il y en auroit cent d'indifférens qui n'en parleroient pas, & plus de ſix cens qui détruiroient le miracle, ou qui ne le propoſeroient que comme une choſe fort douteuſe. Où trouverai-je la certitude ? Ce n'eſt pas dans la combinaiſon des intérêts & des paſſions qui ne répandent que le trouble & la confuſion ; mais dans le témoignage des perſonnes dont je con-nois le bon ſens, l'eſprit impartial, ſans intérêts, ſans paſſions.

Je vous demande encore quelle combinaiſon d'in-térêts & de paſſions, vous fait croire que l'Iliade eſt d'Homére, que Virgile a compoſé l'Enéïde, qu'Ar-chiméde a défendu Syracuſe, que Céſar eſt le Con-quérant des Gaules. C'eſt inſulter ſes Lecteurs que de leur donner ainſi des mots pour des raiſons. Vous dites d'excellentes choſes ſur les lignes traditionnel-les, mais elles ſont fort indépendantes de votre combinaiſon. Et même ſi Bayle penſoit à admettre le Pyrrhoniſme des faits, n'étoit-ce pas votre com-binaiſon qui l'y conduiſoit ? C'eſt cette combinaiſon, quand on la prend pour regle unique, qui fait qu'on

peut

ne peut se décider entre Hérodote & Ctéfias, Tite-
Live & Denys d'Halicarnaffe, Eufebe & Zozime,
Guicchardin & Bembe, Surius & Sléidan, Bucha-
nan & Cambden, Sander & Burnet, Baronius & les
Centuriateurs, Maimbourg & Sékendorf. Les intérêts
& les paffions ne peuvent que fomenter la difcorde,
fans jamais offrir un point de réunion. Je crois qu'on
pourroit faire une très-belle differtation fur la certitude qui feroit prefque entierement là contradictoire de
la vôtre.

VII.

SIXIEME PROPOSITION.

Moses cæteris hiftoricis audentior hanc epocham (Creationis) determinare non dubitavit . . . In faftis Hebræorum fe nobis offerunt tres Chronologiæ pro vario fcripturarum Textu : libenter ego crederim nullam ex his tribus à Mofe Chronologiam proficifci; fed tria tantum effe fyftemata præpofterè adornata , & in ipfam Mofis Hiftoriam alienis manibus inferta.

» Moyfe plus ferme & plus affuré que les au- tres Hiftoriens n'a point héfité à nous marquer l'époque de la création du monde. . . . On trouve trois Chronologies dans les faf- tes des Hébreux felon les divers Textes des Ecritures. Je croirois volontiers qu'aucune n'a Moyfe pour Au- teur; mais que ce font trois fyftèmes inventés après coup, & inférés » par des mains étrangeres, dans l'Hiftoire même » de Moyfe.

La Chro-nologie.

Cette

Cette Propofition, qui a été condamnée comme contraire à l'intégrité & à l'autorité des Livres de Moyfe, *integritati & autoritati Librorum Mofis adverfas*, renferme votre fyftême favorit. Vous abandonneriez toutes les autres parties de votre Thefe. Mais pour celle-ci vous prétendez la défendre à quelque prix que ce foit. Elle eft entierement de votre invention. Vos réflexions fur les Chinois vous ont conduit à un fyftême qui vous paroît terminer la difpute de la Chronologie, & qui vous éléve au-deffus de tous les Savans qui ont travaillé fur cette matiere. Sufpendez, je vous prie, pour un moment la joie de votre triomphe. Je n'ai que deux vérités à vous propofer ; & j'efpére vous les démontrer. La premiere, que vous ne favez pas l'Hiftoire de Chine. La feconde, que, quand vous la fauriez, vous n'en tireriez aucun avantage pour votre fyftême.

T. I. p. 34. Premiere vérité ... Prenez votre Thefe en main, & fuivez-moi. Vous dites que la feule époque de Hoang-ti prouve que les commencemens de l'Empire de Chine remontent vers l'an 2575. avant Jefus-Chrift. Les faftes Chinois auroient dû vous apprendre que la huitiéme année du regne de Hoang-ti répond à l'an 2697. avant Jefus-Chrift. Il n'eft pas le premier Empereur de Chine. Fou-hi & Chin-nong l'avoient précédé, & avoient eu des regnes fort longs. Votre erreur eft donc d'environ deux ou trois cens ans, elle feroit de plus de huit cens ans, fi je comptois les fept Empereurs que plufieurs Hiftoriens Chinois placent entre Chin-nong & Hoang-ti. Elle iroit même jufqu'à plus de deux mille ans, fi avec d'autres Chinois, je vous tenois compte des quinze

Princes

Princes qu'ils reconnoiſſent entre Fou-hi & Chin-nong.

Vous voulez parler des Cycles de Chine , & vous dites : Le premier jour de ces Cycles, où commence l'Ere Chinoiſe, tombe au Solſtice d'Hyver. Conſultez, Monſieur, les Calendriers Chinois, & vous verrez que dans la plus grande antiquité, comme aujourd'hui le commencement des Cycles ſe prenoit de la premiere Lunaiſon , lorſque la queue de la grande Ourſe eſt tournée dans le Ciel vers le Rhumb de vent Eſt-Nord-Eſt, ce qui répond au Signe des Poiſſons , & non pas au Solſtice d'Hiver. Vous avancez que ce premier jour des Cycles , vers le milieu de la nuit, le Soleil & la Lune au point même du Solſtice ſe trouverent en conjonction dans le premier degré du Caper. Les Hiſtoriens de Chine auroient dû vous apprendre que cette célébre conjonction eſt marquée dans le quinziéme degré du Verſeau. Il eſt étonnant que vous ayez étudié l'Hiſtoire de Chine , & que vous ne ſachiez pas que , quand les Chinois parlent de conjonction , il ne s'agit pas du Soleil & de la Lune , mais des cinq autres Planétes.

Vous ajoûtez que la tradition de cette conjonction avoit cours chez les Chinois ſous le regne de Mentzé, 300. ans avant Jeſus-Chriſt , & du tems que Confucius fleuriſſoit. Mais, Monſieur, il n'y a point eu en Chine d'Empereur Mentzé. Cette tradition avoit ſi peu cours en Chine que pluſieurs Hiſtoriens n'en parlent pas , que Confucius lui-même l'a omiſe dans ſon Chou-ching , que les plus habiles Chinois ne la regardent que comme une des obſervations calculées ſous la Dynaſtie des Han , qui monta ſur le

Thrône

Thrône de Chine 250. ans avant J. C. Enfin tout
le monde convient aujourd'hui que la conjonction
de Tchouen-hiu eſt toute auſſi fauſſe que celle dont
Yong-Tching reçut les complimens en 1724. quoique Saturne ne fût aſſurément pas en conjonction
avec les quatre Planétes inférieures.

Malgré cela vous n'oubliez rien pour appuyer
cette conjonction & cette époque. Vous faites obſer-
ver que ſelon les calculs exacts de Meſſieurs de Caſ-
ſini, de la Hire, & Wiſton, ces Phénomenes n'ont
pû arriver que l'an 2450. avant Jéſus-Chriſt. Donc
concluez-vous, cette époque, que confirme l'Aſtro-
nomie, détruit abſolument la Chronologie du Texte
Hébreu. Ces Aſtronomes diſent tout le contraire de
ce que vous leur faites dire. Ils montrent la fauſſeté
de l'époque de Chine, parce que ces Phénomenes
ſont poſtérieurs de 400. ans, & ne ſont arrivés que
l'an 2012. avant Jéſus-Chriſt. D'où je conclus, donc
vous ne ſavez point l'Hiſtoire de Chine. Donc ma
premiere propoſition eſt vraie.

Seconde vérité.... Quand vous auriez ſû l'Hiſtoire
de Chine, vous n'en auriez tiré aucun avantage pour
votre ſyſtême. Car qu'y auriez-vous vû ? Qu'elle
marque la huitiéme année de Hoang-ti à l'an 2697.
avant Jéſus-Chriſt : mais elle ne prouve pas que
cette époque ſoit fondée. Elle n'eſt revêtue d'aucun
des caracteres qui donnent la certitude Chronologi-
que. J'oſe même dire qu'on ne peut lire l'Hiſtoire
d'Yao, & les Annales des deux premieres Dynaſties
des Hia & des Chang, ſans voir que les commencemens de l'Hiſtoire de Chine ſont auſſi obſcurs que
ceux des autres Nations, qu'on ne craint point de

rejetter

rejetter au nombre des fables ; ou du moins des choses douteuses.

Vous y auriez vû des Eclypses. Mais la premiere
de toutes est celle qui est marquéee sous l'Empire de
Tchong-cang. Vous ne l'auriez pas opposée au Texte
Hébreu , puisqu'elle est bien postérieure au Déluge.
Un examen un peu sérieux vous auroit même fait
voir que rien n'est plus incertain que cette Eclypse.
Le Choug-king , qui est le plus ancien Livre qui en
fasse mention , dit bien que *le premier jour de la derniere Lune d'Automne , le Soleil & la Lune dans leur
conjonction ne furent point d'accord dans Fang , que
l'Aveugle frappa le tambour , que les Mandarins mon-
terent à cheval , & que le peuple accourut.* Voilà
l'annonce de la fameuse Eclypse de Chine. L'année
n'est nullement marquée. Aucun Chinois ne la sait.
Leur Histoire , & celle même , que l'Empereur
Cang-hi a fait traduire en Tartare , la placent à l'an
2159. avant Jesus-Christ , la premiere année de
Tchong - cang. Les plus fameux Astronomes de la
Dynastie des Tang & des Yven la mettent à l'an
2128. Hing-yun-lou célébre Astronome des Ming la
rapporte à l'an 2154. nos Astronomes l'ont placée à
l'an 2155. parce que le calcul leur apprend qu'il y
eut une Eclypse le 12 Octobre 2155. En faut-il davantage pour démontrer que cette Eclypse est bien
équivoque ? De plus si les Chinois étoient aussi Astronomes qu'on le prétend , pourquoi la seconde obser-
vation qui se trouve dans leurs Fastes ne date-t-elle
que de l'année 776. avant Jesus-Christ , où l'on voit
une Eclypse arrivée la sixiéme année de l'Empereur
Yéou-ouang ? Convenez , Monsieur, que vous n'au-

riez

riez pû tirer aucun avantage des Eclypſes.

Le Cycle de 60. ne nous ſeroit-il pas plus favorable ? J'avoue qu'il eſt fort ancien en Chine. Je
ne crois pas cependant que vous vouliez lui donner
plus de crédit que ne lui en donnent les Chinois. Or,
Monſieur , liſez leurs Annales , & vous verrez ſous
l'an 841. avant Jeſus-Chriſt, qui eſt le quarante-hui-
tiéme de l'Empereur Li-ouang, que c'eſt uniquement
à cette année que les caractéres du Cycle commen-
cent à être ſûrs , que , pour les années qui ont précédé , la diſtribution en eſt purement arbitraire.

Enfin , Confucius lui-même , le grand Docteur de
Chine , né 551. ans avant Jeſus-Chriſt , qui écrivoit
dans les plus beaux tems de l'Empire , avant l'incen-
die des Livres , avoue qu'il n'a pas aſſez de monumens pour conſtater ce qui s'eſt paſſé ſous la Dynaſtie
des Hia & des Chang. Il ſe borne à la Dynaſtie des
Tcheou qni n'a commencé que l'an 1122. avant
Jeſus-Chriſt. Il aime mieux ſe taire ſûr les tems plus
reculés que de rapporter des faits que la poſtérité ne
croiroit pas. Je ne vous demande , Monſieur , qu'autant de modération qu'en a eu Confucius, pour vous
faire convenir de ma ſeconde propoſition ; quand
vous auriez ſû l'Hiſtoire de Chine , vous n'en auriez
tiré aucun avantage pour votre ſyſtême.

Je reviens maintenant à votre Propoſition condamnée , & je vous demande : ne mérite-t-elle pas
la cenſure qu'on en a faite ? N'eſt-elle pas véritablement contraire à l'intégrité & à l'autorité des Livres
de Moyſe ? Ne vous êtes vous pas ſervi de l'opinion
la plus légere , & la moins fondée pour attaquer la
créance de toute la terre & de tous les ſiécles ? Mais

ſi votre ſyſtême eſt répréhenſible , les raiſonnemens ,
dont vous l'avez étayé dans votre Apologie, ne le ſont
pas moins. Je ne ferai que les parcourir , parce que
ce n'eſt qu'un examen que je fais de vos ſentimens ,
& non pas un traité ſur vos erreurs.

Selon vous » les derniers ſiécles virent paroître
» beaucoup de Chronologues qui ajoûtèrent à la con-
» fuſion des tems l'embarras de leurs opinions. Il ne
» fut plus permis d'être ſimplement ignorant. Il fal-
» lut avoir la peine de l'être avec ſyſtême «. On
n'exigeoit pas de vous, Monſieur, que vous euſſiez
lû les excellens ouvrages que nous avons ſur la Chronologie. Mais on a droit de vous reprocher que vous
en ayez dit du mal ſans les connoître. Bien loin d'a-
voir ajoûté à la confuſion des tèms l'embarras des
opinions , ils ont débrouillé ce cahos des ſiécles. Il
n'y a perſonne qui à la ſuite de Petau, d'Uſſerius ,
d'Hardouin ne puiſſe marcher d'un pas ferme dans ces
routes autrefois impraticables. Il ne faut plus qu'un
peu d'attention pour éviter les fautes légéres qui ont
échapé à ces grands Hommes. On n'eſt pas ignorant
par ſyſtême, mais on eſt véritablement ſavant par
réflexion & par art.

Que de fauſſes penſées ſur les révolutions des
Chronologies ? Jamais la Chronologie des Septante
n'a été preſque la ſeule en uſage. L'Hébreu a toujours eu ſes Défenſeurs. Dans le tems même que
l'Egliſe Grecque étoit la plus floriſſante, on voyoit
toutes les Egliſes d'Orient, qui ſuivoient le Rit Sy-
riaque , s'attacher au calcul des quatre mille ans. Les
Septante ont trouvé un grand nombre de Partiſans
long-tems après la chute des Egliſes Grecques. Le

T. II. p.
141.

T. I.
142.

E　　　ſyſtême

fyftême Samaritain n'a prefque eu de Sectateurs que dans ce fiécle-ci. Encore ont-ils été en bien petit nombre. Il en a cependant encore eu plus qu'il n'en méritoit. Vous faites beaucoup valoir la difficulté tirée des Chinois. Vous diffimulez les excellentes réponfes qu'on avoit déja faites aux Déiftes qui avoient ofé l'objecter. Ce que je vous ai démontré fur ce point détruit vos vains difcours.

Vous me demandez, fans doute, comment j'explique la diverfité des trois différentes Chronologies qui fe voient dans les trois différens Textes. Je vous avoue que je n'y ai jamais trouvé de difficulté, que quand je voulus avoir un fyftême, fans avoir affez réfléchi. Tout m'embarraffoit pour-lors. Mais une lecture plus étendue & la réflexion m'apprirent que le Texte original devoit avoir la préférence, à moins que je n'euffe des raifons légitimes de foupçonner qu'il avoit été altéré. J'examinai attentivement s'il n'y en avoit pas quelques-unes. J'interrogeai l'Hiftoire des Nations. Je cherchai quels étoient les faits les plus reculés, & cependant conftatés par des monumens certains. Je n'en trouvai aucun qui remontât au-delà du Déluge tel qu'il eft marqué dans l'Hébreu. Je trouvai même qu'ils étoient affez éloignés de cette époque célébre pour que la Terre eût pû fe repeupler d'habitans nouveaux. Je ne balançai plus à me décider pour le Texte Hébreu & pour la Vulgate qui lui eft conforme, & qui eft la feule authentique de toutes les verfions. Guidé par ces deux Textes, je fu furpris de voir tous les fiécles fe développer devant moi dans un ordre raviffant, & les grands évé-

nemens

nemens fe placer dans le rang où la volonté puiffante du Seigneur les a fait paroître.

Je me demandai pour-lors d'où vient cependant la diverfité des Septante ? Je conjecturai que ces Interprétes, qui n'avoient fait leur verfion que pour plaire aux Rois d'Egypte, auroient bien pû réhauffer leurs époques pour ne pas paroître plus récens que ces peuples entêtés de leur antiquité fabuleufe. Cette verfion a été faite fans infpiration. Le motif du changement de calcul eft très-plaufible. Les réflexions, que j'ai continué à faire fur cette matiere, n'ont fervi qu'à donner plus de probabilité à ma conjecture. Pour le Texte Samaritain, il ne m'a point embaraffé. Il a des marques certaines d'altération. De plus confiné dans un coin de terre, il eft demeuré fans authenticité ; & l'on ne fait point les révolutions qu'il a effuyées.

C'eft ainfi, Monfieur, que votre difficulté de la Chronologie s'eft évanouie devant moi. Je crois qu'elle s'évanouira de même devant quiconque cherche le vrai. Je puis encore ajoûter que c'eft le moyen le plus fûr de confondre l'incrédule. Je fuis toujours en droit de lui demander un fait certain lorfqu'il veut attaquer nos Livres Saints. Or il n'a encore jamais répondu au défi que les défenfeurs de l'Hébreu & de la Vulgate lui ont fait de le produire.

Vous parlez d'un nouveau fyftême qui vous a été communiqué à Paris par une perfonne ingénieufe. Il *T. II. pag.*
151. eft auffi imaginaire que le vôtre. Ceux qui font accoûtumés à ces difcuffions, en apperçoivent du premier coup d'œil tout le chimérique & tout le dangereux. L'unique avantage, qu'il ait fur vous, eft

E 2   qu'il

qu'il reconnoit que Moyſe a écrit une Chronologie;
Cette vérité eſt ſi cônſtante que je ſuis dans le dernier étonnement que vous ayez oſé la nier.

Après un tel paradoxe j'oſerois preſque vous demander ; avez vous jamais lu la Geneſe ? Si vous
me répondez que vous l'avez lue : comment n'y avez
vous point vu qu'elle ne peut ſubſiſter ſans Chronologie , que le cinquiéme , le huitiéme & le onziéme
Chapitres exigent des nombres ; que plus de cent
autres endroits montrent que Moyſe a voulu donner
un calcul ſuivi, & marquer avec préciſion les plus
célébres époques. Vous dites que » ce grand Homme
» ne s'étoit point propoſé d'écrire l'Hiſtoire du Gen-
» re-Humain, ou pour parler plus exactement que
» le but de l'Eſprit-Saint qui dirigeoit ſa plume n'é-
» toit pas de ſatisfaire la curioſité des Juifs ſur leur
» noble antiquité, que c'étoit l'Hiſtoire de la Reli-
» gion que Moyſe écrivoit, qu'il donnoit des loix à
» un peuple indocile, dont il connoiſſoit le caractere
» volage, & toujours porté à l'idolatrie «. Voilà
bien des mots inutiles qui ne prouvent nullement que
Moyſe n'a point écrit de Chronologie.

T. II. pag.
156.

Mais je ne ſais pas en vérité , Monſieur, comment vous avez lu l'Ecriture Sainte. La Geneſe n'eſt-
elle pas véritablement l'Hiſtoire du Genre-Humain ?
N'eſt-ce pas-là que les Fondateurs des peuples ſont
appellés par leur nom, & qu'on voit la naiſſance de
tous les Empires ? Sans le dixiéme Chapitre de la
Geneſe , dont la ſeule explication a immortaliſé Bo-
chart, ſaurions-nous rien de l'origine des Nations ?
ces trente-deux verſets ne répandent-ils pas plus de
jour ſur l'Hiſtoire primitive que tous les volumes de
la profane antiquité. Si après cette magnifique deſ-
cription

cription, il n'eſt preſque plus parlé de ces Nations ; c'eſt qu'ayant oublié le Seigneur, leur mémoire ne devoit plus être conſacrée dans les Faſtes du peuple fidéle. Elle devoit périr avec leurs crimes.

Enfin, Monſieur, malgré tous vos raiſonnemens il eſt certain que vous avez contredit le Concile de Trente qui ordonne ſous peine d'anathême de recevoir l'Ecriture avec toutes ſes parties. Vous en impoſez à l'Egliſe lorſque vous dites qu'on permet de croire que nous avons perdu la Chronologie de Moyſe, & que celle qu'on lit dans la Vulgate, quoique cette Verſion ait été déclarée authentique dans toutes ſes parties, n'a reçu aucune autorité de la déciſion du Concile de Trente? Quand eſt-ce qu'on a donné la permiſſion que vous ſuppoſez? Ne ſavez-vous pas que depuis le Concile de Trente Rome a condamné ceux qui donnent une odieuſe préférence aux autres Chronologies ſur celle de la Vulgate ? Rappellez-vous l'avertiſſement que donna la Congrégation de *l'Indice* pour prémunir les fidéles lorſqu'ils liſent les ouvrages de Julien de Tolede contre les Juifs, où il paroît préférer le calcul des Septante à celui de l'Hébreu. La Congrégation proſcrit cette préférence. Parce que, dit-elle (*a*), il eſt certain que l'Egliſe Catholique approuve dans la Vulgate les Calculs qui ſe trouvent dans le cinquiéme & le onziéme Chapitres de la Genèſe. La Vulgate étant parfaitement

T. II.
155.

_____

(a) *Nam certum eſt Eccleſiam Catholicam in Editione Vulgatâ approbare annorum rationem quæ eſt in Codicibus Hebræis Gen. V. XI. Cùm Vulgata egregie Hebraico fonti conſentiat in enumeratione & ſupputatione Temporum.*

d'accord

d'accord fur ce point avce la fource Hébraïque. Le Docteur le Conte éprouva la même févérité de la part de la Congrégation lorfqu'il publia fes notes fur Nicéphore. Le Conte , dit-elle, (*a*) ne voit pas que tandis qu'il témoigne trop d'ardeur pour défendre la Chronologie des Septante ; il attaque imprudemment la Chronologie de la Vulgate & de l'Hébreu qui eft la fource primitive.

Il y a de l'imprudence à attaquer la Chronologie de l'Hébreu & de la Vulgate ; c'eft ne pas penfer comme l'Eglife que de s'attacher opiniâtrement à une autre : & vous, Monfieur, vous ofez là détruire, l'anéantir : Vous ofez prétendre qu'elle n'eft pas de l'Ecrivain facré ; vous portez la préfomption jufqu'à dire » mon opinion n'eft pas précifément un fyftême ; » c'eft un fait que j'ai découvert. Ce ne font point » des idées vagues qui ne doivent leur origine qu'à » mon imagination ; c'eft une chofe qui depuis long-» tems étoit expofée aux yeux de tout le monde , » que l'on n'a point apperçue , parce qu'on ne la » point regardée.

VIII.

SEPTIEME PROPOSITION.

L'Econo-mie Mofaï-que.

Oeconomia Mofaïca in pœnis tantum ac præmiis temporalibus fancita. ...	» L'Economie Mofaï- » que n'étoit fondée que » fur les peines & les ré-

(*a*) *Contius dum nimio ftudio Septuaginta interpretum tranflationis Chronologiam tuetur , non videt fe incaute Hebraici fontis & Vulgatæ Editionis Chronologiam labefactare.*

compenfes

Cum nativus senfus indicet bona tantum temporalia, confequens eft ad ea Mofem unicè refpexiffe . . . Legem itaque Mofaïcam habemus divinitùs fancitam, fed pofitam in pænis tantum ac præmiis Temporalibus, ideo non æternùm duraturam.

» compenfes temporel-» les. . . . puifque le fens » naturel des termes de » l'Alliance ne préfente à » l'efprit que des biens » temporels ; tout nous » porte à penfer que Moy-» fe les avoit uniquement » en vue... Nous fommes » maintenant convaincus » de la divinité de l'Eco-» conomie Mofaïque ; mais parce qu'elle ne propo-» foit que des peines & des récompenfes temporel-» les, elle ne devoit pas durer éternellement.

Quoique vous n'ayez pas la gloire d'être le pre-mier Auteur de cette Propofition, vous la défendez avec autant de chaleur que la précédente. Vous êtes extrêmement furpris que vos Juges l'aient condam-née comme donnant atteinte à la dignité de la Loi ancienne, & à la bonté de Dieu dans l'Alliance qu'il a faite avec le Peuple Juif : *dignitati Legis antiquæ, & Dei cum populo Judaico fœdus ineuntis bonitati de-trahentes.*

Vous ne diffimulez pas ici vos fentimens, vous avouez que la Loi de Moyfe n'étoit pas une Religion, que ce n'étoit qu'une Conftitution C I V I L E & P O L I T I Q U E, dans laquelle Dieu étoit en-tré comme Roi temporel des Juifs : qu'outre cette Conftitution ils lui étoient encore attachés par une R E L I G I O N qui étoit non feulement appuyée fur la Loi naturelle ; mais encore fur la Révélation

T. II pag. 168.

que

que Dieu donna d'abord à Adam , qu'une Tradition continuelle perpétua chez ses descendans, qui fut renouvellée après le Déluge dans la personne de Noé, confirmée aux Patriarches ses Successeurs , qui la transmirent par héritage aux Hébreux leurs petit-fils. Vous dites que ce langage est nouveau ; mais qu'il n'en est pas moins vrai : & qu'on ne peut vous opposer que l'opinion commune des Théologiens, qui ont toujours confondu ces deux choses ensemble; la Religion des Juifs & la Constitution Civile & Politique de Moyse. Vous soûtenez que c'est l'Ecriture elle-même qui vous fournit les preuves de votre sentiment ; & vous donnez le défi à quiconque de vous prouver que Moyse ait renfermé dans sa Constitution les peines & les récompenses éternelles. C'est par-là que vous prétendez confondre les esprits forts, qui ont attaqué l'omission du dogme des peines & des récompenses d'une autre vie comme une imperfection qui rendoit l'économie Mosaïque indigne de Dieu auquel on l'attribue.

Vous ne dites rien, Monsieur , que des hommes téméraires, & sur-tout infectés des erreurs du Socinianisme, n'aient dit avant vous : mais pourquoi n'avez - vous pas plus réfléchi sur les points fondamentaux de leur système, & sur les savantes Apologies qu'on leur a opposées pour la défense de la Loi Mosaïque? Vous auriez vû que tout leur système ne porte que sur des conjectures hardies, sur des explications de l'Ecriture forcées, sur des déguisemens trompeurs. Vous auriez appris que la Loi de Moyse n'a jamais été une Constitution purement Civile sur-ajoûtée à la Religion.

En

En effet rappellez-vous la suite de la Religion d'abord floriſſante dans la maiſon d'Adam , bornée enſuite à la poſtérité de Seth ; enfin dégradée par toute la Terre. Un Déluge univerſel abſorbe cette inondation de crimes. la Religion ſe conſerve dans la maiſon de Noé qui ſeul avec ſa famille ſurvit à la ruine de l'Univers. Dieu lui parle. Il lui renouvelle les Loix anciennes , & lui en intime de nouvelles pour prémunir ſa poſtérité contre les déſordres qui venoient de faire périr les hommes.

La Terre ſe repeuple de nouveaux habitans : mais les crimes anciens ſe perpétuent & ſe répandent avec eux. L'idolatrie étend par-tout ſon Empire. La Chaldée , ſéjour ordinaire des Patriarches , offre à peine aux yeux du Seigneurs une maiſon de fidéles adorateurs. Abraham eſt preſque le ſeul qui ait conſervé la Foi de ſes Peres. Dieu ſe communique à lui ; & après s'être aſſûré de la généroſité de ſon cœur par le plus grand de tous les ſacrifices , il récompenſe ſa Foi en lui renouvellant les promeſſes que de ſon ſang naîtra un Peuple qu'il comblera de ſes faveurs. Là poſtérité d'Abraham ſe multiplie. Dieu permet qu'elle ſoit réduite en ſervitude ; afin que quand il rompra ſes fers , elle ſache qu'il eſt le Dieu Puiſſant , & l'unique maître de la Terre & des Rois.

La poſtérité d'Abraham étant au point où le Seigneur la vouloit pour l'exécution de ſes deſſeins , il déploie la force de ſon bras , & par une ſuite de prodiges inouis il fait ceſſer la ſervitude d'Egypte. Il amene ſon Peuple dans le déſert ſous la conduite de Moyſe qu'il avoit choiſi pour être ſon médiateur entre lui & ce Peuple. Alors il paroit dans tout l'é-

F   clat

clat de Sa Majesté. Le Mont-Sinaï devient en quelque forte le Sanctuaire de la Divinité. De ce throne de gloire Dieu dicte ses arrêts. Aux préceptes anciens il en ajoute encore de nouveaux. Les Juifs, frappés de ces merveilles, adorent la bonté & la Majesté du Seigneur : ils reçoivent avec soumission & avec joie ses ordres suprêmes ; ils lui jurent une inviolable fidélité

Dieu leur annonce qu'une vie éternelle sera la récompense de cette fidélité constante. Après cette promesse particuliere à tous les Juifs, il en fait d'autres pour le corps de la Nation. Il s'engage si elle lui est fidelle à la faire triompher de ses ennemis ; il lui promet toutes les prospérités de la Terre, afin que les Nations idolatres apprennent qu'il n'y a que le Dieu du Ciel qui mérite d'être adoré. Il la menace en même tems des plus terribles malédictions, si elle manque à ses engagemens. Ces châtimens exemplaires ne devoient pas s'étendre à chaque particulier, lorsqu'il prévariqueroit, parce que s'il ne réparoit pas sa faute, il devoit en porter la peine dans l'autre vie.

L'Empire sacerdotal, la Nation sainte étoient fondés. Dieu s'en déclare le Roi & le Monarque. Il daigne entrer jusque dans le détail des Loix qui rendront son Peuple heureux.

Conduit par le Seigneur, ce Peuple paroît sur les Terres de Chanaan. Les promesses de Dieu s'exécutent. Israël est toujours vainqueur, lorsqu'il est fidéle. Mais les Peuples même, qu'il a subjugués, le chargent de fers dès qu'il manque à la Loi. Plusieurs siécles se passent dans cette alternative. Mais dans tous ces tems Dieu avoit toujours un grand nombre

bré de fidéles adorateurs , qui, effrayés des peines ré-
fervées aux Impies , afpiroient par la plus exacte
obfervation de la Loi aux récompenfes de la vie
future.

Des Rois fans Religion montent fur le Throne
d'Ifraël & de Juda. Ils cimentent du fang de ces
Juifs vertueux les autels de leurs faux Dieux. Les
fujets , bientôt auffi pervers que leurs maîtres ,
offrent de toutes parts & à tous les Dieux un encens
facrilege. Le Seigneur venge cette abomination par
la ruine des deux Royaumes. Dans la captivité les
Juifs fe fouviennent qu'ils font les enfans des Saints ,
que Dieu les a deftinés à une vie immortelle s'ils
obéiffent à fa Loi; ils rougiffent de leurs égaremens. Ils implorent fa clémence. Dieu exauce auffi-
tôt leurs vœux. Au bienfait de leur réconciliation il
ajoûte une nouvelle grace. Il les fait rentrer dans
leurs anciennes poffeffions. Ils y donnent les exemples des plus grandes vertus. L'obfervance de la Loi
devient univerfelle. Des milliers de Juifs répandent
leur fang , & perdent la vie plutôt que d'obéir à des
Rois Gentils qui vouloient leur en faire tranfgreffer
quelques points. Ils témoignent en mourant que ce
qui leur fait ainfi méprifer la mort, c'eft qu'ils ne
pourroient s'y fouftraire fans tomber bientôt après
entre les mains d'un Juge terrible , qui fe vengeroit
de leur foibleffe; au lieu qu'en facrifiant cette vie
mortelle, ils fe préparent une vie immortelle.

Les enfans de ces grands Hommes , bien différens
de leurs Peres , renverfent la Religion par leurs fyfté-
mes. Les uns dégradent les Efprits, ne reconnoiffent
que la matiere, & fe livrent à toutes leurs paffions ,

parce

parce qu'ils ne font plus retenus par le frein des peines & des récompenfes éternelles. Les autres, en voulant relever le mérite de leur Religion, l'anéantiffent, parce qu'ils s'imaginent qu'elle feule fuffit pour les juftifier. La foi dans le Meffie, qui eft l'Auteur de toute juftice, expire dans les cœurs. La Loi de Moyfe auparavant fpirituelle, fainte, fans tache, falutaire à ceux qui l'obfervoient avec fidélité, devient une loi charnelle, perverfe, inutile, qui n'opere plus que la mort.

Le petit nombre des Juftes, qui fe roidiffent contre ce torrent d'iniquités, ne ceffe de foupirer après la venue du Meffie. Cet Homme - Dieu, promis à Adam auffi-tôt après fon péché, l'objet des vœux de tous les Saints de l'Univers depuis plus de quatre mille ans, paroît. Il donne l'exemple de toutes les vertus. Il rétablit la Religion dans fes droits. Il meurt fur une Croix pour le falut des hommes. Après les preuves les plus autentiques de fa Miffion & de fa Divinité, il fonde fa Loi qui n'eft plus comme les Loix qui l'avoient précédée, une Loi d'ombres & de figures, mais une Loi parfaite, qui ne peut plus être remplacée par aucune autre, parce qu'elle réalife toutes les ombres, parce qu'elle exprime toutes les figures ; parce qu'elle renferme le culte le plus pur & le plus digne de l'Etre fuprême. Cette Loi, fondée fur de meilleures promeffes que celle de Moyfe, ouvre le Ciel jufqu'ici fermé aux Juftes, qui reçoivent enfin les couronnes de gloire qu'ils attendoient depuis tant de fiécles. Elle fe répand par toute la Terre; & par tout où elle s'établit, l'humanité

&

& la vertu prennent la place de la barbarie & du crime.

Telle est, Monsieur, l'économie non seulement de la Loi Mosaïque, mais aussi de toute la Religion. J'ai emprunté des Livres Saints les divers traits qui la caractérisent. Rapprochez-la de vos sentimens, & voyez si l'on n'a pas eû raison de les condamner comme donnant atteinte à la dignité de la Loi ancienne, & à la bonté de Dieu dans l'Alliance qu'il a faite avec le peuple Juif.

Direz-vous encore que si la Loi de Moyse étoit une Religion, il y seroit parlé des peines & des récompenses éternelles, & que cependant vous défiez qui que ce soit de vous montrer un endroit où il en soit fait mention. Mais, Monsieur, dès que vous croyez avec raison, que les peines & les récompenses éternelles sont inséparables de la Religion, ne deviez-vous pas en conclure que l'Ancien & le Nouveau Testament annonçant par-tout que la Loi de Moyse étoit la Religion des Juifs, elle promettoit par conséquent des peines & des récompenses éternelles.

Sans vous borner à cette preuve générale, vous deviez demander aux savans Rabbins, que vous avez consultés assez inutilement sur la Chronologie, comment ils prouvent les peines & les récompenses de l'autre vie par les Livres de Moyse. Ils vous auroient rapporté divers passages de l'Exode, & du Deutéronome. Ils vous auroient sur-tout fait remarquer le cinquiéme verset du XVIIIe. Chapitre du Lévitique, où le Seigneur dit à son peuple, gardez mes Loix & mes Ordonnances, elles seront pour

l'homme

l'homme fidéle une source de vie. Ils vous auroient
averti qu'ils l'ont toujours entendu de la vie éternelle.
Vous auriez eû de la peine à ne les pas croire après
l'éloge que vous avez fait du Targum d'Onkelos dans
la derniere position de votre Thése. Car ils vous y
auroient fait voir en termes exprès que la vie éternelle sera la récompense des fidéles observateurs de la
Loi. Les paroles sont remarquables. Les voici : je
vous les écris en caracteres ordinaires, parce que je
n'en ai pas de Chaldaïques. *Vjichei behon bechajiei
haaléma.*

Si vous doutez encore de cette preuve, au moins
ne douterez-vous pas du témoignage des Saints les
plus illustres de l'Ancien Teftament, de celui
de Jesus - Chrift même & des Apôtres. David ne
rend-t-il pas témoignage à cette vérité dans un grand
nombre de ses Pseaumes ? La Loi, qu'il y préco-
nise, n'eft-elle pas celle de Moyse ? Les Prophetes, sur-tout ceux de la captivité, sont-ils moins
énergiques & moins expressifs sur ce point ? Quand
l'impie Antiochus voulut exterminer la Religion
Mosaïque, ne vit-on pas plus de cent mille Juifs de
tout âge & de toute condition, répandre leur sang
pour les articles de cette Loi qui nous paroissent les
moins considérables, parce que, disoient-ils, ils ne
pouvoient les violer sans s'exposer à des tourmens
éternels ? Tous les discours de Jesus-Chrift, tous les
ouvrages des Apôtres ne nous montrent-ils pas que
la Loi de Moyse & la Religion des Juifs sont une
même chose ?

Quelle ne doit donc pas être la surprise, lorsqu'on
vous voit alléguer des passages de S. Paul pour ap-
puyer

T. I. p.
78.

T. II. pag.
173.

puyer votre nouvelle hypothése. Oui, Monfieur, S. Paul dit que la Loi de Jefus-Chrift eft fondée fut de meilleures promeffes. Mais pourquoi ? Parce que Jefus-Chrift n'a pas feulement promis le Ciel comme Moyfe, mais parce qu'il l'a ouvert à tous les Juftes. C'eft S. Paul lui-même, qui nous donne cette explication, trois Chapitres après l'endroit où vous avez pris votre difficulté. Saint Jean explique encore tout ce myftére en deux mots. *La Loi*, dit-il, *a été donnée par Moyfe*, *mais la Grace* néceffaire pour remplir la Loi, *mais la vérité* des promeffes faites aux obfervateurs de la Loi, *c'eft l'ouvrage de Jefus-Chrift*. La Loi de Moyfe, féparée de la Foi en Jefus-Chrift, mérite tous les titres odieux que vous avez raffemblés contre elle. Mais la Loi de Moyfe, jointe à la Foi en J. C., mérite tous les éloges qu'en font les Saintes Ecritures, & que l'Eglife ne ceffera jamais d'en faire. La Loi de Moyfe eft donc une vraie Religion ?

Vous oppofez à cela, Monfieur, un raifonnement qui vous paroît mériter toutes nos réflexions : *T. II. pag.* 180.
» Nous ne pouvons nier, *dites-vous*, que tous les
» hommes ne foient obligés d'embraffer un culte
» que Dieu lui-même a prefcrit avec l'appareil le
» plus frappant. Donc, *concluez-vous*, la Loi de
» Moyfe n'étoit point une Religion. Car tout le
» monde fait que les Nations voifines des Juifs pou-
» voient ne pas fuivre leur Loi ; il leur fuffifoit
» pour plaire à Dieu, qu'elles pratiquaffent les de-
» voirs de la Loi naturelle, qu'elles fuiviffent en un
» mot la Religion qui avoit fauvé Adam, Noé &
» tous les Patriarches «. Ce raifonnement vous paroît péremptoire. Mais, dites-moi, Monfieur, l'o-
bligation

bligation d'embraſſer un culte ſe décide-t-elle par l'appareil avec lequel il a été preſcrit ? La Religion Chrétienne ſeroit ſelon cette regle bien plus bornée que la Loi Moſaïque, puiſqu'elle a été preſcrite avec bien moins de pompe & d'éclat. Pour juger de l'o-bligation d'une Loi, on ne doit conſulter que là volonté du Légiſlateur, & le droit qu'il a de la por-ter. Dès que cela m'eſt notoire, elle m'oblige ; qu'il y ait un grand appareil ou non.

T. II. pag. 181. Qui vous a dit que Noé & tous les Patriarches ne pratiquoient que les devoirs de la Loi naturelle ? L'Ecriture parle d'un précepte qui leur fut fait après le Déluge. Pourquoi ne voulez-vous pas que dans les dix Commandemens il y ait quelque choſe de nou-veau ? Vous ne prouverez jamais que la Loi du Sab-bat, déterminée à une obſervation ſi ſtricte & ſi rigoureuſe, eſt auſſi ancienne que le monde. De plus les Loix du culte Divin, les Martyrs du Ju-daïſme nous apprennent que bien d'autres choſes que les dix Commandemens appartenoient à la Religion.

Il y avoit donc en ce tems-là, dites-vous, deux Religions différentes, également agréables à Dieu, ou du moins où l'on pouvoit ſe ſauver également. Pourquoi non ? Si vous entendez par Religion un culte plus ou moins étendu, qui avoit plus ou moins de préceptes : quoique dans le fonds il n'y ait ja-mais eû qu'une Religion, ſavoir le culte de Dieu dans la foi du Meſſie. Les Juifs avoient plus de préceptes à remplir que les Juſtes qui ſe trouvoient au milieu du Paganiſme, mais ils avoient plus de ſecours, & l'eſpérance de plus grandes récompen-ſes.

Quant

Quant à ce que vous ajoûtez » les Juifs n'étoient
» obligés à fuivre cette Religion que parce qu'ils
» l'avoient bien voulu. Les hommes peuvent donc
» refuſer un culte nouveau dès qu'il eſt fur-ajoûté
» à la Loi naturelle ? Quel triomphe pour les Déiſ-
» tes « ! Non, Monſieur, il n'y a point du tout
ici de triomphe pour les Déiſtes. On ne peut pas
refuſer un culte dès qu'il eſt fur-ajoûté à la Loi naturelle. Dieu peut impoſer à l'homme des loix qui
l'obligent, ſoit qu'il y conſente, ſoit qu'il n'y
conſente pas. Vous êtes le premier qui oſiez dire que
les Juifs ont pû rejetter impunément la Loi que
Dieu leur preſcrivoit. Mais quand même on vous accorderoit ce faux principe : alors les Juifs auroient
pû accepter la Loi Moſaïque, ou ne la point accepter, parce qu'ils avoient encore un autre moyen
de ſalut, & que Dieu ne leur demandoit ce nou-
vel hommage que pour les combler de nouvelles
faveurs. Pour nous nous ne ſommes pas libres de
ne pas accepter la Religion de Jeſus-Chriſt ; parce
qu'elle eſt abſolument néceſſaire, & qu'il n'y a que
le nom de JESUS qui puiſſe opérer le Salut.

J'omets les longues déclamations que vous faites
faire à votre Déiſte, à votre Juif, & à votre Janſé-
niſte. Vos principes ſont détruits, vos raiſonnemens
ſont réfutés. Votre Déiſte ne peut donc plus s'auto-
riſer du ſilence des peines & des récompenſes éternelles, pour attaquer la Loi de Moyſe. Il voit que
cette Loi promettoit des peines & des récompenſes
éternelles à tous les Juifs en particulier ; & que les
peines & les récompenſes temporelles ne tombent
que ſur le corps de la Nation. C'eſt ainſi que cette

T. II. p.
90. 91. 92.
93.

G

Loi

Loi renferme également & la Religion des Juifs ; & la Théocratie.

Le Juif ne peut difconvenir que la Loi de Moyfe n'ait été abrogée , puifqu'elle n'avoit été donnée qu'en attendant qu'il s'élevât du milieu de fa Nation un Prophete bien fupérieur à Moyfe , & que tout le monde feroit obligé d'écouter. Jefus , ce Prophete fupérieur aux Anges & aux hommes, a paru. La Loi Judaïque n'eft plus , quoiqu'elle promît des peines & des récompenfes éternelles. Elle a fait place à une Loi toute Divine qui ne promet pas feulement des récompenfes , mais qui les donne.

Le Janfénifte lui-même avouera qu'il interpréte mal la Doctrine du grand Apôtre fur l'imperfection de la Loi , fur l'inutilité de fes Sacrifices , fur le vuide de fes Sacremens, fur la néceffité qu'il y avoit d'abroger la Loi avec toutes fes ordonnances. Parce que tous les raifonnemens du grand Apôtre font contre les Juifs charnels de fon tems qui rejettoient la Foi du Meffie , & qui prétendoient cependant que leur Loi pouvoit les juftifier. Il leur montre que fans le Meffie leur Loi eft imparfaite , leurs facrifices font inutiles , leurs Sacremens font vains , que depuis que ce Divin Meffie a paru leur Religion n'eft plus rien , parce qu'elle n'étoit qu'une ombre , une figure qui avoit cédé à la réalité & à la chofe même dont elle étoit l'image. S. Paul lui apprendra que, bien loin que l'obfervation de la Loi fût impoffible , elle a été obfervée par un grand nombre de Juifs fpirituels avec la plus grande exactitude. Il ne pourra fe refufer au témoignage de Dieu même qui loue dans fes

Ecritures

Ecritures jufqu'à des Rois qui ont été fidéles à tous les points de la Loi.

I X.

HUITIEME PROPOSITION.

Naturam Miraculorum ex fe claram ac lucidam mille tricis & ambagibus plures implicuerunt, fuifque argumentis id effecerunt, ut nullam amplius habeat vim vox Dei per miracula fuam hominibus voluntatem atteftantis.

» La nature des Mira- *Les Miracles.*
» cles quoique clàire & lu
» mineufe en elle-même,
» s'eft trouvée tellement
» embrouillée par les vai
» nes fubtilités de plufieur
» Scholaftiques, que ces
» organes de la Divinité
» ont perdu entre leurs
» mains toute la force
» qu'ils ont naturellement contre les impies.

Voilà deux Propofitions qui fe reffemblent affez peu, quoique l'une foit la traduction de l'autre. Ce n'eft pas l'unique fois que vous avez eu recours à ces paraphrafes, pour ôter l'odieux qui fe trouvoit dans les Propofitions extraites de votre Théfe. Mais, Monfieur, ce n'eft pas votre traduction, c'eft votre propofition Latine qu'on a condamnée. C'eft elle qu'on accufe de renverfer les fondemens de la Religion, *fundamenta Religionis evertentes.* Vous devez convenir qu'elle méritoit cette qualification, puifque vous lui avez donné tant de modifications pour la faire tolérer en François. La Propofition fuivante fera mieux fentir tout le venin de celle-ci : & je crois

que

T. II. pag. 206. que vous ne direz plus : *je me laſſe d'avoir ſi fort raiſon contre mes Cenſeurs.*

X.

NEUVIEME PROPOSITION.

Les guéri-ſons de J. C. Læduns Dæmones , *inquit Tert.* , dehinc remedia præcipiunt , & poſtquam deſinunt lædere, curaſſe dicuntur. Ergo omnes morborum curationes à Chriſto peractæ ſi ſeorſim ſumantur à Prophetiis , quæ in eas aliquid divini refundunt , æquivoca ſunt miracula , utpotè illarum haberent vultum & habitum in aliquibus curationes ab Æſculapio peractæ.

» *Les Démons bleſſent , dit Tertullien, enſuite ils ordonnent des remedes , & lorſqu'ils ceſſent de faire du mal,* on croit qu'ils ont guéri. Donc toutes les guériſons de Jeſus-Chriſt, ſi on les ſépare des Prophéties qui dévoilent à nos yeux leur Divinité, n'ont point pour nous perſuader la force des miracles , parce que quelques traits de reſſemblance pourroient les faire confondre avec celles d'Eſcula pe.

T. II. 2. *p.* p. 2. Vous prétendez faire voir que cette doctrine ſur les guériſons de Jeſus-Chriſt, eſt puiſée dans l'Ecriture même, interprétée par la tradition conſtante des Peres. La Sorbonne juge au contraire qu'elle bleſſe avec impiété la vérité & la Divinité des miracles de Jeſus-Chriſt, en tant qu'elle aſſure que toutes les guériſons opérées par Jeſus-Chriſt ſéparées des Prophéties ſont des miracles équivoques , & qui n'ont

rien

rien de Divin, parce que les prétendues guérifons faites par Efculape auroient avec elles quelque conformité & quelque reffemblance. *Quatenus omnes à Chrifto peractas curationes feorfim à Prophetiis miracula effe æquivoca, & nihil habere divini afferunt, eo quod illarum referrent in aliquibus vultum & habitum prætenfæ curationes ab Æfculapio factæ, veritati & Divinitati miraculorum Chrifti non fine impietate derogantes.*

Avant que d'entrer dans cette importante difcuffion, fouffrez que je vous faffe faire une réflexion qui eft elle-même fort intéreffante : c'eft qu'ou bien il y a une contradiction manifefte dans votre Théfe, ou bien vous détruifez les miracles. Choififfez. La chofe eft facile à démontrer. Car ou bien vous n'admettez aucuns vrais miracles indépendamment des Prophéties, ou bien les guérifons de Jefus-Chrift font de vrais miracles indépendamment des Prophéties. Comment cela ? Le voici. Si vous n'admettez de miracles non équivoques indépendamment des Prophéties que ceux qui n'ont aucune reffemblance avec les miracles qu'on attribue à Efculape, il ne vous refte plus de vrais miracles indépendamment des Prophéties. Pourquoi ? Parce que les miracles les plus éclatans, tels que la réfurrection des morts, ont été attribués à Efculape. Vous détruifez donc les miracles... Mais fi vous foûtenez que, quoique ces miracles éclatans euffent de la reffemblance avec ceux d'Efculape, ils étoient de vrais miracles indépendamment des Prophéties ; vous vous contredites, lorfque vous avancez que les guérifons de Jefus-Chrift n'étoient que des miracles équivoques indépendam-

ment

ment des Prophéties , parce qu'indépendamment des Prophéties elles avoient de la ressemblance avec les guérisons d'Esculape. Vous detruisez donc les miracles , ou bien vous êtes en contradiction avec vous-même. Et la Sorbonne n'a point eu tort de condamner votre huitiéme Proposition , comme *destructive des fondemens de la Religion*. Je crois que vous avez très-bien senti la difficulté. Autrement vous n'auriez pas tronqué tous les passages où il est parlé des résurrections , & des autres miracles éclatans attribués à Esculape.

C'est cette mauvaise foi qui régne dans tout cet article de votre Apologie que je vais dévoiler , parce que vous l'avez fait servir à colorer le mensonge, & à séduire la simplicité des foibles sous un vain appareil d'érudition. Comment, Monsieur, avez-vous pu vous déterminer à falsifier ainsi les passages des Peres, pour dégrader sous leur nom la plus grande partie des miracles de Jesus-Christ ? Avez-vous cru que , parce que vos citations sont souvent fausses, on ne remonteroit pas aux sources pour découvrir votre artifice.

Mais je vous rappelle à ces sources, & je vous demande où avez vous vu que S. Justin met de la distinction entre les miracles & les guérisons de Jesus-Christ ? Où avez vous vu qu'il dise que les guérisons de Jesus-Christ peuvent être infirmées par la ressemblance qu'elles ont avec celles d'Esculape, & qu'il faut recourir aux Prophéties pour leur donner des caractéres de Divinité ? Vous me citez sa premiere Apologie Nº. 50. Je l'ouvre & je ne trouve qu'erreur dans le nombre , & dans le passage que vous

me

me citez ; & plus encore dans le sens que vous lui donnez. Car que faites-vous dire à S. Justin ? (*a*) » Quand nous disons que Jesus-Christ a guéri des boi- » teux, des paralytiques, des gens infirmes dès leur » naissance, il semble que nous ne disons rien qu'on » ne dise d'Esculape «. Que dit réellement S. Justin ? il parle aux payens, & il leur dit.

(*b*) » Lorsqu'enfin nous vous disons que Jesus- » Christ a guéri les boiteux, les paralytiques, les » infirmes dès leur naissance, QU'IL A RESSUS- » CITE' LES MORTS, nous ne paroîtrons vous » dire que ce qu'on dit avoir été fait par Esculape «. Vous voyez déja que S. Justin ne met pas de distinction entre les miracles & les guérisons de Jesus-Christ. Premiere erreur. Mais saisissez tout le raisonnement de S. Justin , & vous allez voir comment tout ce que vous dites de ce Pere n'est qu'une suite d'erreurs.

En effet, S. Justin veut prouver aux Payens (*c*)

(*a*) *S. Justin. Apol. I. pro Christ. n. 50. Quod claudos autem & paralyticos sanaverit , & ab ipsa nativitate mutilos sanasse memoravimus. Consentanea his dicere videmur quæ ab Æsculapio facta esse feruntur.*

(*b*) *S. Justin. Apol. I. pro Christ. n. 22.* & non pas 50. *Quod claudos denique & paralyticos, & ab ipso ortu mutilos sanitati ab eo restitutos,* ET MORTUOS AD VITAM REVOCATOS *dicimus : similia ʼæc quoque dicere videbimur iis quæ ab Æsculapio facta narrantur.*

(*c*) *S. Justin. Apol. I. pro Christ. n. 21. & 22.*

qu'ils

qu'ils ne doivent pas condamner les sentimens des Chrétiens sur Jesus-Christ. Pourquoi, dit-il ? » Par-
» ce que nous ne disons rien de Jesus-Christ que
» vous ne disiez de vos Dieux. Nous disons qu'il est
» fils de Dieu, mais ne donnez-vous pas des enfans
» à Jupiter ? Nous disons qu'il est né d'une Vierge,
» mais ne dites-vous pas que Persée est aussi né
» d'une Vierge ? Nous disons qu'il a guéri les ma-
» lades, qu'il a ressuscité les morts ; mais ne rap-
» portez vous pas la même chose d'Esculape. Pour-
» quoi donc, *continue-t-il (a)*, sommes-nous les
» seuls qu'on ait en exécration à cause du nom de
» Jesus, quoique nous disions les mêmes choses que
» les Grecs ? Pourquoi nous met-on à mort comme
» de scélérats, quoique nous ne fassions rien de
» mal ? «

Il entre dans le détail des crimes qu'on reproche aux Chrétiens, & il montre (b) qu'ils en sont en-
tiérement-innocents, & que la plus austére vertu est le principe de leurs actions. Après avoir ainsi justi-
fié contre les Payens la créance & les mœurs des Chrétiens, il vient à la preuve de leurs dogmes. Il commence par l'Incarnation ; & il dit : (c) » Afin

______

(a) N. 23. *Cùm similia Græcis dicamus, soli odio habemur propter nomen Christi. Cum nihil faciamus mali, velut improbi necamur.*

(b) N. 24. 25. 26. 27. 28. 29.

(b) *Sed ne quis objiciat nobis, quid obstat quominùs is, quem dicimus Christum, hominem ex hominibus natum, magicâ arte ea quæ prædicamus miracula ediderit, & ideò visus fuerit Dei Filius esse ; de-*
que

» que vous n'objectiez pas que Jesus - Christ est
» un pur homme qui a opéré par la vertu de l'art
» magique les miracles qui nous ont convaincu qu'il
» étoit fils de Dieu. Nous allons vous le démontrer
» NON PAR LES FAITS, MAIS PAR L'AUTO-
» RITE' INCONTESTABLE DES PROPHETIES,
» dont nous voyons l'accompliſſement & qui s'ac-
» compliſſent encore tous les jours. Cette démonſ-
» tration vous paroîtra ſans doute auſſi forte & auſſi
» vraie qu'à nous «. Il rapporte les Prophéties qui
annonçoient l'Incarnation & les Myſteres de la vie de
Jeſus-Chriſt.

Enfin il remarque que les Démons ayant eu connoiſſance de ces Prophéties eurent ſoin de faire fa-
briquer toutes les fables du Paganiſme, afin que
tous les myſteres de Jeſus-Chriſt ne paſſaſſent dans
l'eſprit des hommes que pour des fables & des fic-
tions de Poëtes. Il fait une longue énumération de
toutes ces impoſtures des Démons, & il montre (a)
comment à l'occaſion de la Prophétie de Jacob ſur le
Sacrifice ſanglant de Jeſus-Chriſt, ils donnerent
naiſſance à l'Hiſtoire de Bacchus : comment à cauſe
de la Prophétie d'Iſaïe ſur la Conception miraculeu-

---

monſtrationem jam inſtituemus NON DICENTIBUS CRE-
DENTES , SED FUTURA ANTEQUAM FIANT PRÆDICEN-
TIBUS NECESSARIO FIDEM HABENTES , *eò quod ipſis
oculis ita , ut prædicta fuerant , eveniſſe & evenire
videamus ; quæ ſane demonſtratio vobis quoque , ut
arbitramur , maxima & veriſſima videbitur.*

(a) N. 54.

fe de Jefus-Chrift , ils firent imaginer celle de Perſée : comment pour détruire l'éloge que David fait de la force de Jefus-Chrift , ils fuppoferent un Hercule vainqueur de toute la terre : comment pour détruire l'effet des miracles & des réfurrections de morts que devoit opérer Jefus-Chrift , ils introduiſirent Efculape : comment pour répondre à la glorieuſe Afcenſion de Jefus-Chrift , ils imaginerent la fable de Bellérophon monté fur fon Pégaſe. Il remarque que les Démons ont multiplié ces enlevemens , parce qu'ils ne favoient pas comment Jefus-Chrift fortiroit de ce monde , & qu'ils ne pouvoient fe perfuader qu'il mourût fur une Croix.

Tel eft , Monfieur , tout le raifonnement & toute la Doctrine de S. Juftin. Y dit-il rien de ce que vous lui faites dire ? Y a-t-il la moindre diftinction entre les miracles & les guérifons de Jefus-Chrift ? dit-il que les guérifons de Jefus-Chrift font des miracles équivoques indépendamment des Prophéties ? Montre-t-il le moins du monde qu'il croie les miracles d'Efculape ? N'en parle-t-il pas même toujours comme de chofes auffi fabuleufes que les Hiftoires de Bacchus , de Perſée , d'Hercule , de Bellérophon ? Ces paroles que vous faites fonner fi haut , *non tam dicentibus credentes quàm prædicentibus ,* (outre qu'elles font fauffes , puifque dans le Texte il n'y a ni *tam ,* ni *quàm*) , prouvent-elles que les guérifons de Jefus - Chrift ne tirent leur Divinité que des Prophéties ? S'agit-il feulement-là de guérifons.

Car voilà l'indignité de votre procédé , & quand je vois tant de mauvaife foi , tant d'acharnement à

décrier

décrier la vérité, je vous avoue que je commence malgré moi à douter que vous ayez eû de bonnes intentions lorſque vous avez fait votre Théſe. Saint Juſtin vous dit-il autre choſe, ſinon que les Chrétiens ſont frappés des Prophéties & des miracles ? Il paroît même que ce n'eſt qu'une conceſſion qu'il fait aux Payens. Vous pourriez, leur dit-il, attribuer les miracles aux Démons; Eh bien ! écoutez la preuve des Prophéties. Choiſiſſez, Monſieur, lequel des deux ſens vous voudrez. N'importe. Il eſt toujours vrai qu'il ne s'agit nullement des guériſons de Jeſus-Chriſt, & que S. Juſtin n'a jamais exigé les Prophéties pour donner de la divinité aux miracles.

Liſez même ſon Dialogue avec Tryphon, & vous verrez qu'il prouve les Prophéties par les miracles. Vous y trouverez auſſi ſa regle pour diſtinguer les vrais miracles d'avec les faux. Ses paroles ſont remarquables. ,, Les Prophetes, dit-il, (a) ſont ,, les témoins les plus graves & les moins récuſa-,, bles. Ce qui eſt arrivé, & ce qui arrive encore de ,, nos jours, nous oblige d'ajoûter foi à leurs ora-,, cles ; quoiqu'ils méritaſſent déja d'être crûs à

(a) *S. Juſtin. Dial. cum Tryph. n. 7. ſupra demonſtrationem omnem graviſſimi teſtes fuerunt veritatis (Prophetæ) : ſed quæ evenerunt & eveniunt, aſſentiri cogunt eorum vaticiniis. Quanquam vel ob miracula quæ ediderunt, digni fuere quibus crederetur; ſi quidem creatorem univerſorum Deum & patrem celebrabant. ; quod quidem falſi Prophetæ mendacì & impuro ſpiritu repleti, nec fecere, nec faciunt, ſed quædam prodigia edere audent ad percellendos homines, ac ſpiritus erroris & dæmonia celebrant.*

 cauſe

» caufe des miracles qu'ils ont opérés. Car ils in-
» voquoient Dieu le Pere & le Créateur de toutes
» chofes, ils annonçoient Jefus-Chrift fon fils qu'il
» a envoyé. Les faux Prophetes, remplis d'un efprit
» menfonger & impur, n'ont jamais rien fait, & ne
» font jamais rien de cela. Ils ofent opérer quelques
» prodiges pour féduire les hommes. Ils n'invoquent
» & ne font connoître que des efprits d'erreur, &
» des démons.

T. II. 2, p.
pag. 10.
Origéne ne vous eft pas plus favorable. Il dit, à la vérité, que les Chrétiens font convaincus que Jefus-Chrift a guéri les boiteux & les aveugles, & que par conféquent il eft Fils de Dieu, puifqu'il eft écrit dans les Prophetes qu'il opérera ces prodiges (*a*). Or, remarquez que dans tout ce difcours Origéne ne dit point que les guérifons de Jefus-Chtift font des miracles équivoques indépendamment des Prophéties. Mais il dit que Jefus-Chrift eft véritable-ment le Chrift Fils de Dieu, parce qu'il réunit tous les caracteres qui peuvent faire connoître fa Divi-nité, les guérifons, les Prophéties, les réfurrec-tions même des morts, qui, quoiqu'elles ne foient pas prophétifées, ne peuvent cependant être révo-quées en doute, puifqu'elles nous font tranfmifes par des Ecrivains qui ne nous ont point trompés.

Origéne n'a pu parler autrement, lui qui n'a ja-mais fait votre diftinction des miracles indépendans des Prophéties, & des miracles dépendans des Pro-phéties ; lui qui ne reconnoiffoit de vrais miracles

---

(*a*) *Origenes contra Celfum l. 2. n.* 48.

que ceux que Dieu & Jefus-Chrift ont opérés , &
ceux que les Chrétiens continuoient encore d'opérer.
Tous les autres prodiges ne font felon lui que des
preftiges qui ne peuvent nuire aux caracteres de Divinité qui fe trouvent dans les vrais miracles , parce
que ceux-ci établiffent toujours l'empire de la vertu , pendant que ceux-là ne font qu'étendre le regne
de l'erreur, du menfonge & du crime. C'eft-là tout
le fonds de fa doctrine fur les miracles qu'il développe dans fon fecond Livre contre Celfe (a).

Les réflexions que vous faites en faveur des guérifons d'Efculape font également fauffes. Car rappellez-vous l'état de la queftion entre Celfe & Origéne. Celfe oppofoit à Jefus-Chrift Caftor & Pollux, Hercule, Efculape , Bacchus. Origéne lui
montre (b) que cette pluralité des Dieux eft
contraire à la raifon, que ces Dieux n'ont rien de
divin, qu'Hercule n'eft qu'un vil efclave d'Ompha-
le , qu'Efculape n'eft qu'un malheureux frappé de
la foudre de Jupiter , que Bacchus n'eft qu'un vo-
luptueux efféminé , que Caftor & Pollux ne font
que des êtres bifarres qu'on fait continuellement
vivre & mourir ; qu'à ces traits bien loin de reconnoître des Dieux, on ne recconnoît pas même des
Héros.

Il compare (c) la vie de ces faux Dieux avec

(a) *N.* 50. *&* 51.

(b) *Origenes contra Celf. l.* 3. *n.* 22.

(c) *N.* 23.

telle

celle de Jefus-Chrift ; & il proûve que dans la vie
de Jefus-Chrift tout eft Saint , tout eft Divin , au
lieu que dans ces Dieux mortels on ne voit que
des foibleffes & des crimes. Il demande enfuite à
Celfe : Voudriez-vous que je cruffe l'Hiftoire de vos
Dieux , tandis que vous traitez de fables celle de
Jefus-Chrift , qui a été écrite par des témoins ocu-
laires qui ont donné les preuves les plus certaines de
leur véracité, qui ont fcellé leur doctrine de leur fang ?
Un homme qui aime la vérité , croira-t-il témé-
rairement tout ce que vous rapportez de vos Dieux ,
& rejettera-t-il fans éxamen ce que nous difons de
Jefus-Chrift ?

Il expofe enfuite (a) l'iniquité du procédé de
Celfe. Vous voulez lui dit-il , que nous croyons
qu'une grande multitude de Grecs & de Barbares a
été témoin & l'eft encore des miracles , qu'Efculape opére ; & quand nous le croyons vous ne nous
reprochez pas notre crédulité : au contraire fommes nous convaincus des miracles de Jefus-Chrift ,
vous ne ceffez de dire que nous fommes des infenfés , & des dupes, quoique cependant nous ne les
croyons que fur le témoignage des Gens les plus
fincéres & les plus vrais qui furent jamais. Mais ,
ajoûte-t-il , je vais plus loin , & je vous défie de
me montrer cette multitude infinie de Grecs & de
Barbares qui croient Efculape. Pour moi je vous
montrerai une multitude innombrable de perfonnes
de toutes Nations qui croient Jefus-Chrift ; & dont

(a) N. 24.

plusieurs ont même le don des miracles. Ils les opèrent sans autre appareil que l'invocation de l'Etre
suprême, en prononçant le nom de Jésus ; & en li-
sant sur les malades les saints Evangiles. J'ai été moi-
même témoin de ces miracles que les hommes & les
Démons n'ont sûrement pas opérés.

Il vient enfin au passage que vous citez ; & il dit :
(a) Quand on vous accorderoit qu'un Démon nom-
mé Esculape guérit les maladies ; je dirois à ses ad-
mirateurs, aussi bien qu'à ceux d'Apollon le devin ; si
l'art de guérir & de prédire l'avenir n'est ni un bien ni
un mal, s'il peut-être également dans les bons & dans
les mauvais (car tout Prophéte n'est pas honnéte homme), prouvés que les Dieux, qui guérissent, & qui
prédisent l'avenir, ont de la probité. Or c'est sûrement ce que vous ne prouverez pas. Car parmi ceux
que vous dites avoir été guéris plusieurs étoient si indignes de la vie qu'un Médecin sage n'auroit pas
voulu les soulager, tant leurs mœurs étoient cor-
rompues. Il montre que les Oracles d'Apollon ont
aussi ordonné des choses indignes de l'humanité. Il
conclut : si les guérisons d'Esculape, & les prédic-
tions d'Apollon ne prouvent rien par elles-mêmes,
comment quelqu'un peut-il les honorer légitime-
ment comme des Dieux, quand même je lui accor-
derois qu'ils ont les dons qu'il prétend ? Origéne a-
t-il recours aux Prophéties pour que les guérisons
deviennent des miracles non-équivoques ? Non assû-

(a) N. 25. & non pas 128, comme le cite M. de
Prades.

ment : mais il montre que les guérisons ne prouvent la Divinité que lorsqu'elles partent d'un principe de sainteté, que lorsqu'elles opèrent des effets
de sainteté. Il ne regarde les miracles d'Esculape &
d'Apollon comme des prestiges, que parce qu'ils ac-
créditoient le crime au lieu de protéger la vertu
Les miracles d'Esculape auroient été prédits par les
Démons qu'il seroit le même raisonnement.

Pour le fameux passage de Lactance, dont vous
ne rapportez que ces deux mots odieux, *Magum
putassemus*, il est important, & mérite d'être expo-
sé avec soin. Un Philosophe avoit eu l'impudence
d'avancer que Jesus-Christ, chassé par les Juifs, s'é-
toit mis à la téte de neuf cent bandits, & qu'il avoit
péri comme un brigand. Que répond Lactance (*a*) :
bien des brigands ont péri, & périssent encore tous
les jours sur des échafauds. Y en a-t-il un seul à qui
on donne je ne dis pas le nom de Dieu, mais le nom
d'homme ? Si votre Mars homicide avoit été condamné par l'Aréopage à mourir sur une croix, il ne

T. II. 2.
P. pag. 10.

(*a*) *Lactant. Institut. Divin. Lib. 5. cap. 3. Ipsum
autem Christum affirmavit (Philosophus) à Judæis fu-
gatum, collectâ nongentorum hominum manu, latro-
cinia fecisse . . . Tot semper latrones perierunt, & quo-
tidiè pereunt, utique multos & ipse damnasti, quis
eorum post crucem suam, non dicam Deus, sed ho-
mo apellatus est . . . . . Cur igitur, ô delirum caput,
nemo Apollonium pro Deo colit ? . . . . Non potuit ergò
post mortem Deus credi, quia & hominem & magum
fuisse constabat ; & ideò alieni nominis titulo affecta-
vit Divinitatem, quia suo nec poterat, nec audebat.
Noster verò potuit & Deus credi, quia Magus non fuit,*

seroit

feroit pas aujourd'hui au nombre de vos Dieux. Jefus-Chrift mort fur une Croix, & malgré cela reconnu pour Dieu, eft donc véritablement Dieu?

Le Philofophe, étonné de cette fermeté, de-
mandè : qu'a donc fait votre Jefus qui pût le faire
reconnoître pour Dieu? Quelques prodiges. Mais
Apollonius en a fait en plus grand nombre, & de
plus éclatans. Pourquoi donc lui répond Lactance,
votre Apollonius n'a-t-il perfonne qui le reconnoifle
pour Dieu? Vous me dites que c'eft par modeftie. Non,
non, reprend Lactance, ce n'eft pas modeftie, c'eft
folie de ne pas fe faire reconnoître pour Dieu, quand
on le peut. Le defir d'une immortalité fi glorieufe
eft la plus violente & la plus jufte des paffions.

& creditus quia verus fuit. Non, inquit, hoc dico
idcircò Appollonium non haberi Deum, quia noluerit ;
fed ut appareat nos effe fapientiores, qui mirabilibus
factis non ftatim fidem Divinitatis adjunximus, quàm
vos, qui ob exigua portenta Deum credidiftis..... difce
igitur, fi quid tibi cordis eft non folum idcircò à nobis
Deum creditum Chriftum ,quia mirabilia fecit; fed quia
videmus in eo facta effe omnia, quæ nobis annuntiata
funt vaticinio Prophetarum. Fecit mirabilia ; Magum
putaffemus..... Itaque Deum credimus non magis ex
factis, operibufque mirandis, quàm ex illá ipfa cru-
ce, quam vos ficut canes lambitis, quoniam fimul &
illa prædicta eft ... Fidem Divinitatis accepit, quod
neque Apollonio, neque Apuleio, neque cuiquam Ma-
gorum potuit aut poteft aliquando contingere..... ade-
mifti Jovi tuo regnum, eumque fumma poteftate de-
pulfum in miniftrorum numerum redegifti. ... Nemo
Apollonium pro Deo colit, nifi fortè tu folus, illo fci-
licet Deo dignus, cum quo te in fempiternum verus
Deus puniet.

Vous

Vous autorifez-vous de ce qu'Apollonius eft ho-
noré à Ephéfe fous le nom d'*Hercule Aléxiaque* ?
Nouvelle preuve de fa foibleffe, ajoûte Lactance ; cet
impofteur , connu pour n'être qu'un homme & un
Magicien , n'a pû faire croire après fa mort qu'il
étoit Dieu. Il n'a emprunté une Divinité étrangere
que parce qu'il ne pouvoit & n'ofoit la revendiquer
fous fon nom. Pour Jefus-Chrift on a pû croire qu'il
étoit Dieu parce qu'il n'étoit point Magicien : &
nous avons crû qu'il étoit Dieu , parce qu'il étoit véritablement Dieu.

Le Philofophe voulut éluder la force de ces argu-
mens , & il dit : fi Apollonius n'eft pas reconnu pour
Dieu , ce n'eft pas parce qu'il n'a point voulu, mais
c'eft que nous fommes bien plus fages que vous. Nous
n'accordons pas les honneurs de la Divinité auffi-tôt
que nous voyons faire des œuvres merveilleufes. Dé-
fabufe-toi de ta folle fageffe , reprit Lactance ; ce
n'eft pas fur des œuvres merveilleufes que nous re-
connoiffons Jefus-Chrift pour Dieu. S'il n'avoit que
tes œuvres merveilleufes , nous ne le regarderions
que comme un Magicien. Mais il a opéré des miracles , il a vérifié dans fa perfonne tout ce que les
Prophétes avoient annoncé, & fa Croix, qui vous fait
frémir , me prouve fa Divinité autant que fes miracles. Confronte avec notre Dieu ton Apollonius ,
ton Apulée , & tous tes Magiciens. Jamais, jamais
ils n'auront ces caractéres de Divinité qui brillent
dans J E S U S. Le Philofophe confondu fut obligé
de reconnoître en frémiffant , que Jupiter & toutes
les Divinités de fon Paganifme n'étoient que des

créatures

créatures impies que le Dieu des Chrétiens fait brûler dans les enfers.

Tel est le précis de ce célébre Chapitre de Lactance ; il n'y compare pas les miracles de Jésus-Chrift avec les miracles du Paganifme. Il avertit même pofitivement qu'il avoit déja montré dans le fecond & dans le quatriéme Livre de fes Inftitutions , la fauffeté des miracles du Paganifme , & la vérité des miracles de Jéfus-Chrift , qui étoient inconteftablement des œuvres de la puiffance Divine. Mais par un argument qui marque toute la beauté de fon génie , il fait triompher Jéfus-Chrift par l'endroit même dont le Philofophe s'étoit fervi pour le couvrir d'opprobre. Il montre que cette Croix, qu'il a outragée, eft le monument de la gloire de Jéfus-Chrift , & le fceau de fa Divinité. Pour cela il n'infifte prefque point fur les miracles qui devenoient étrangers à la matiere , mais il appuie beaucoup fur les Prophéties qui donnent à la Croix du Sauveur ce caractére de force & de puiffance, de gloire & de Divinité qui a triomphé de la Terre & de l'Enfer.

Approfondiffez, Monfieur, cet endroit de Lactance, & vous verrez que c'eft-là le fens naturel. Vous conviendrez qu'on n'en peut tirer que cela , ou bien vous ne fuivrez pas le raifonnement de Lactance ; vous lui ferez contredire fes propres principes fur les miracles ; vous détruirez vous-même votre huitiéme Propofition, dans laquelle vous dites que les miracles font une preuve certaine pour connoître & pour attefter la volonté de Dieu. Car fi vous reftreignez le raifonnement de Lactance au fens rigoureux, que vous lui donnez, les miracles ceffent d'être une

I 2

preuve

preuve certaine, puifque fans les Prophéties Jefus-Chrift avec tous fes miracles ne paffoit que pour un Magicien. Les Peres n'ont donc jamais été convaincus, comme vous le dites ici, que les guérifons de Jefus-Chrift confidérées en elles-mêmes, pouvoient être confondues, quant à leur extérieur, avec les guérifons d'Efculape ?

Je ne fais quelle affection vous avez pour ce faux Dieu. Mais vous le mettez par-tout. Vous voulez qu'Origéne & Lactance aient préconifé fes guérifons, quoiqu'ils n'en parlent pas dans les endroits que vous citez, & qu'ailleurs ils n'en parlent que dans les termes les plus vagues. Tertullien & Eufebe en difent davantage : mais ce n'eft que pour les décrier, & pour en témoigner plus de mépris. Cependant à vous entendre, ils font tous décidés fur la vérité des guérifons opérées par Efculape. Et moi je pourrois vous dire tout au contraire, qu'il n'y a pas un feul Pere qui paroiffe convaincu de fes guérifons.

S. Auguftin eft de tous celui qui traite le plus favorablement les miracles du Paganifme. Vous ne deviez pas interpréter auffi malignement que vous l'avez fait fes deux paffages de la Cité de Dieu. Mais malgré cela, il eft entierement contraire à votre fyftême, parce que fa regle pour diftinguer les vrais miracles d'avec les faux, c'eft que les vrais miracles l'emportent fur les faux, par leur grandeur, leur éclat & leur nombre. Il n'a pas recours aux Prophéties. Il ne diftingue pas comme vous les guérifons & les miracles de Jefus-Chrift.

Vous infiftez beaucoup fur les miracles de l'Ante-Chrift,

T. II. 2. p.
p. 10.

T. II. 2. p.
p. 13.

T. II. 2. p.
p. 7.

Chrift, qui felon l'expreffion énergique de S. Paul doit paroître *in omni virtute*, c'eft-à-dire, felon vous, *opérer toutes fortes de guérifons.* L'explication eft nouvelle, & démentie par toute l'Antiquité, qui ne borne pas les miracles de l'Ante-Chrift aux guéri-fons. Cependant vous ajoûtez avec confiance, » tel » eft le Commentaire que les Peres ont fait fur ces » paroles de l'Apôtre. Voici comme S. Hypolyte » Martyr, dans fon Traité de la Fin du Monde, » s'exprime en parlant de l'Ante-Chrift. Il fe fi- » gnalera par des prodiges en purifiant les lépreux, » en ranimant les membres morts des paralytiques, » en chaffant les démons. (*chofe furprenante*) il » annoncera l'avenir auffi fûrement que s'il étoit » préfent «. Pourquoi vous arrêter-là ? Continuez donc le Texte. » Il reffufcitera les morts «. Et un » peu après il tranfportera les montagnes, il mar- » chera à pied fec fur les eaux de la mer, il fera » defcendre le feu du Ciel. En un inftant il couvrira » le Ciel de ténébres, il changera la nuit la plus » profonde dans un jour brillant, il gouvernera le » Soleil à fon gré. En un mot, il paroîtra le maître » des Elémens (*a*) «.

T. II. 2. p
p. 7.

(*a*) *S. Hyppolit. de confum. mundi & Anti-chrifto orat. in Biblioth. PP. T. III. p. 256. Col. 1. & 2. poftea edet prodigia leprofos mundando, paralyticos ex-citando, expellendo dæmones, longinqua non aliter quam præfentia nuntiabit, excitabit mortuos..... transferet montes ante oculos fpectantium, ficcis pedi-bus ambulabit fuper mare, deducet ignem è cœlo, con-vertet diem in tenebras & noctem in diem, folem cir-*

Vous

Vous n'aviez garde de citer ces paffages qui dé-
truifent entierement votre fyftême. Car il faut toujours en revenir à la réflexion que je vous ai fait faire
dès le commencement , & que ces difcuffions ont
encore rendue plus fenfible , favoir qu'ou bien vous
détruifez les miracles , ou bien vous êtes en contradiction avec vous-même. Vous détruifez les miracles , fi vous prétendez que pouvant avoir de la reffemblance avec les preftiges du Démon , ils ne
prouvent rien par eux mêmes. Vous êtes en contradiction avec vous-même , fi , après être convenu que
les miracles peuvent prouver par eux-mêmes , quoiqu'ils aient de la reffemblance avec les preftiges du
Démon , vous niez que les guérifons de Jefus-Chrift
puiffent rien prouver , parce qu'elles ont cette reffemblance.

De cet embarras où vous vous trouvez , il réfulte
que la cenfure de la Sorbonne eft très-fondée , que
vous avez eû le plus grand tort du monde , de
mettre les guérifons de Jefus-Chrift en paralléle avec
celles d'Efculape , & que vous êtes encore plus ré-
préhenfible d'avoir avancé dans votre Apologie que
votre doctrine fur les miracles eft puifée dans l'Ecriture , interprétée par la Tradition conftante des
Peres.

---

*cumaget quo libuerit , & ut femel dicam elementa om-
nia terræ marifque , vi oblatæ apparitionis coram fpec-
tantibus , obtemperare fibi demonftrabit.*

XI.

X I.

DIXIEME PROPOSITION.

Fidem omnimodam me-rentur (Patres) ubi Tra-ditionem suo ævo vigen-tem commemorant ; ast ubi in subsidium Traditionis veniunt eorum ratiocinia , jam tum ratione eorum momenta ponderentur. Non numerum Scholasticorum , sed rationes perpendo.

» Si les Peres sont sim-ples Historiens de la » Tradition de leur tems, » leur autorité est d'un » poids à qui tout doit » céder ; mais lorsqu'ils » se permettent de l'ap-puyer de leurs raison-nemens , le respect » qu'on doit avoir pour » eux ne défend pas d'en examiner la force & la solidité. Je ne compte pas » le nombre des Scholastiques , mais je pése leurs » raisons.

Votre Thése & votre Apologie justifient pleine-ment la censure de la Sorbonne qui réprouve cette Proposition , comme téméraire & injurieuse aux Théologiens Catholiques, *temerarias , in Theologos Catholicos injuriosas.* Comment voulez-vous qu'on ne trouve pas de la témérité dans une Proposition qui a été pour vous la source de tant d'égaremens , qui vous a roidi contre l'autorité des Peres , qui vous a fait préférer vos lumieres aux jugemens de ces grands Hommes ? Il faut que vous ayez crû qu'ils sont des témoins bien infidéles de la Tradition, ou que vous les respectiez bien peu pour avoir osé contre leur suffrage unanime , proscrire la Chronologie des Li-vres

vres Saints , dégrader la Loi de Moyse , & la réduire au rang de constitution purement civile & politique. Il faut que vous ayez bien peu d'idée de leur sagacité pour ne point craindre d'abandonner leurs sentimens & de leur substituer votre origine des Loix & de la Société ; votre regle de certitude , & votre Thése des miracles. Si les momens que vous avez perdus en lectures frivoles , vous les eussiez employés à approfondir la doctrine de ces Oracles de l'Eglise , vous auriez conçu pour eux la plus haute estime. Vos sentimens de vénération auroient passé jusqu'au corps des Théologiens Scholastiques , dont le grand nombre ne cesse de puiser dans ces sources sacrées pour éclairer la foi , & pour la défendre contre ses ennemis.

Vous avez banni bien loin de vous ces réflexions que la censure de la Sorbonne vous présentoit si naturellement. Au lieu de répondre à la difficulté , vous avez entassé de grands raisonnemens & de longues citations sur l'autorité des Peres& des Scholastiques. Quoique votre érudition soit fort moderne & bien bornée , on vous en demandoit moins encore : mais on exigeoit plus de justesse & plus d'équité. Vos Sophismes sont tout à fait indignes d'un homme qui se donne pour le vengeur futur de la Religion.

XII.

Conclusion. J'ai fini l'examen de votre Apologie. Il en reste cependant plus d'un tiers dont je n'ai point parlé. Mais ces invectives , ces déclamations vagues , ces discours enthousiastes portent avec eux-mêmes leur réfutation. La seule peroraison de votre troisiéme

Partie

Partie peut prévenir toutes les perſonnes ſenſées con- tre vos erreurs. La vérité , la Religion n'emploient pas ces traits envenimés ; & les fureurs ne furent ja- mais la preuve de l'innocence. *T. III. p.* 106.

Qu'a fait la Sorbonne contre vous pour *revenir de ſes injuſtices ?* Qu'eſt-ce que M. l'Archevêque doit *retraĉter dans ſon Mandement ?* Les Eccléſiaſtiques ont-ils été *fougueux* de s'éléver contre une Théſe qui a excité l'indignation publique , & dont Rome & Londres ont été également étonnés ? Ont-ils porté *l'allarme & le ſcandale de toutes parts ?* N'a-t-on pas au contraire applaudi partout à leur zéle & à leur piété Votre Apologie ne les diſculpe-t-elle pas des reproches *d'ignorance & d'indiſcrétion* que vous avez la témérité de leur faire ?

Si on peut taxer quelqu'un *d'être ardent à montrer du zéle parce qu'il n'a pas vraiment de zéle ,* n'eſt- ce pas vous , Monſieur , vous qui vous donnez pour le défenſeur de la Religion , pendant que vous ſap- pez ſes fondemens ; vous qui ne ceſſez de vous éle- ver contre les impies , pendant que vous leur four- niſſez toutes les armes qui pourroient les faire triom- pher , ſi la Religion n'étoit pas invincible ? (Car ſi j'examinois votre Théſe , comme j'ai examiné votre Apologie , je vous montrerois que vous avez dé- guiſé preſque toutes les preuves de la Religion , pour leur ſubſtituer de vains raiſonnemens que l'impiété peut confondre en un inſtant.) N'eſt-ce point vous enfin qui vous êtes armé de ce *maſque de fer* pour inſulter publiquement les Peres & l'Egliſe , Moyſe & Jeſus-Chriſt.

Vous annoncez un grand Ouvrage que vous avez

 projetté

projetté pour la défense de la Religion ; & vous efpérez le finir d'une maniere à faire rougir tous vos perfécuteurs. Non, Monfieur, jamais vous ne les ferez rougir. Ou vous réformerez vos fentimens, & ils loueront le Seigneur de l'hommage que vous aurez rendu à la vérité ; ou vous perfifterez dans vos erreurs, & ils s'armeront d'une force nouvelle·pour repouffer vos traits. Quelque parti que vous preniez, ne placez pas votre Apologie à la tête de cet Ouvrage, elle le défigureroit, parce qu'elle ne fera jamais qu'une preuve de votre animofité & de votre reffentiment. Sur-tout, Monfieur, redoutez l'écueil où S. Cyrille de Jérufalem, dit avoir vû échouer *plufieurs audacieux, qui, fous prétexte d'approfondir la Religion, font tombés dans les abyfmes de l'impiété.*

S. Cyrill.
Catechef. XI.

F I N.

E R R A T A.

PAGE 27. lig. 19. *crederim.* lifez *crediderim.*
Pag. 30. *lig.* 1. 250. ans *lifez* 205. ans.
Pag. 41. *lig.* 15. Seigneurs *lifez* Seigneur.